Über dieses Buch Der Held dieser Fabel ist – eine Zahl. Er heißt Neun und lebt in Numeropolis, der Hauptstadt der Republik der Zahlen. Die Bürger der Idealen Numerischen Republik – wie die offizielle Bezeichnung lautet – glauben, in der besten aller Welt zu leben und unsterblich zu sein. Sie sind überzeugt, daß genau darin das Glück des Lebens besteht: nicht alt zu werden und unendlich viel Zeit zu haben. Nur einer, Neun, wird von Neugier und Zweifeln geplagt und sucht Kontakt zu den sterblichen Menschen. Er trifft die kleine Elisabeth, ein Mädchen, das mit Begeisterung schwierige Mathematikaufgaben löst und ihm schließlich das Geheimnis vom Glück der Sterblichkeit verrät – daß erst die Vergänglichkeit des Menschen seinem Dasein jenen Sinn verleiht, der uns jede Stunde und jeden Augenblick kostbar macht.

Der Autor George Weinberg, 1932 in New York geboren, studierte Psychologie und Mathematik, promovierte zum Dr. phil. und arbeitet heute als Psychotherapeut in New York. Er ist Verfasser zahlreicher Fachbücher, u. a. des Standardwerks ›Praktische Psychotherapie heute‹ (München 1987).

George Weinberg

Wie der Sinn ins Leben kam

Eine Fabel vom Menschen,
vom Glück
und von
der Kostbarkeit der Zeit

Aus dem Amerikanischen von
Peter David

Fischer Taschenbuch Verlag

Veröffentlicht im Fischer Taschenbuch Verlag GmbH,
Frankfurt am Main, März 1992

Lizenzausgabe mit freundlicher Genehmigung
des Scherz Verlags, Bern und München
Titel der Originalausgabe: ›Numberland. A Fable‹

Einzig berechtigte Übersetzung aus dem Amerikanischen
von Peter David

Umschlaggestaltung: Manfred Walch, Frankfurt
Umschlagillustration: Hans Traxler
Druck und Bindung: Clausen & Bosse, Leck
Printed in Germany
ISBN 3-596-10222-7

«Was bedeutet vergänglich?» fragte der kleine Prinz.

ANTOINE DE SAINT-EXUPÉRY

Inhalt

1 Die Republik der Unsterblichen

Dies ist die Geschichte von der Republik Zahlenland und ihren Bürgern, den Zahlen, die im Glauben lebten, sie existierten unabhängig von den Menschen und seien unsterblich.

Damit nicht genug, waren sie überzeugt, die beste aller möglichen Welten zu bewohnen, die Zahlenwelt, und der allein selig machenden Religion zu huldigen, der Zahlenmystik. Sie gaben sich so selbstsicher wie die Bürger anderer berühmter Weltreiche – etwa die Ägypter, die Babylonier und die Römer – auf dem Gipfel ihrer Zivilisation. Keine Zahl konnte sich vorstellen, daß eine gerechtere und besser funktionierende Ordnung denkbar sei als das jedermann begreifliche Zahlensystem, eine vernünftigere Wirtschaftspolitik als die der Zahlenmeister und der Statistiker.

Die Bürger von Zahlenland – oder der Idealen Numerischen Republik, wie die offizielle Bezeichnung lautete – übertrafen alle anderen Nationen, die wir kennen, an Stolz, weil sie im Glauben lebten, daß sie als Volk unvergänglich waren und daß jedem von ihnen ewiges Leben beschieden sei.

So stand es in der Verfassung, und an Feiertagen, bei Paraden und Versammlungen war es auch auf allen Spruchbändern zu lesen; so tönte es aus allen Lautsprechern, und so wiederholte es strahlend die kleine Zahl von der Straße, wenn man sie fragte, ob sie rundum glücklich sei.

«Wir sind glücklich, weil wir alle unsterblich sind», war die immer gleiche Antwort.

Keine zwei Zahlen waren einander genau gleich. Zwischen den riesigen und den winzigen Zahlen gab es unzählige Abstufungen. Jede war etwas mehr oder etwas weniger wert als die andere. Doch diese Unterschiede, die unter Menschen unweigerlich große Probleme verursachen, bereiteten den Zahlen keine besonderen Schwierigkeiten. Sie wußten die Vorteile ihres exakten und unveränderlichen Stellenwertes zu schätzen, ja, man kann sagen, daß die Gesellschaft der Zahlen deshalb so gut funktionierte, weil jede ihren Platz kannte.

In Numeropolis, der Hauptstadt von Zahlenland, wohnten nur die privilegierten unteren Tausend, die ein- bis dreistelligen Zahlen. Die vier- bis sechsstelligen siedelten in den Vororten, während die Massenzahlen viel zu groß und viel zu zahlreich waren, um woanders als weitab in der Provinz Platz zu finden. Sie kamen – wenn überhaupt – nur zum Arbeiten in die Metropole. Zahlen über 200 000 brauchten dafür eine Sondergenehmigung. Sie zertrampelten einfach zuviel.

Diese Verordnung ging auf einen Vorfall zurück, der in der Geschichte des Landes unrühmlich als «die große Entgleisung» bekannt wurde. Numeropolis war einst von einer wütenden Menge Sechsbis Achtstelliger bestürmt worden, die vorübergehend den Kopf verloren und ihre Aufnahme unter die bessergestellten unteren Tausend gefordert hatten. Um den Geschichtsschreiber 45 454 zu zitieren, der berühmt wurde durch seine Theorie, daß sich die Geschichte ebenso ständig wiederhole wie der Uhrzeiger seinen Weg um den Kreis der Zahlen: «Die Aufrührer, da sie nun einmal unsterblich waren, überlebten. Doch die Stadt ward vom Plebs der riesenhaften Zahlen entsetzlich verwüstet.»

Nun, Numeropolis wurde wieder aufgebaut, sogar noch viel prächtiger als zuvor, und zwar konzentrisch, so daß die Stadt aus der Luft aussah wie ein Glücksrad, dessen Speichen, die wunderschönen Boulevards, alle auf den Mittelpunkt der Metropole zuliefen, wo der Regierungspalast stand, der Sitz der gesetzgebenden Versammlung der Glückszahlen. Diese waren die symbolischen Vertreter der Mehrheit, für die das Prachtgebäude ein undurchdringliches Bollwerk war und im übrigen tabu.

Unsere Geschichte beginnt an einem Staatsfeiertag. Der Präsident der Republik, General 777* (auf den Stern legte er großen Wert, denn er bezeichnete seinen militärischen Rang), verlas wieder einmal den Zahlenland-Eid, und das ganze Zahlenvolk sah ihm bei diesem Ritual auf dem Bildschirm zu.

Wir Zahlen sind stolz auf unsere Unsterblichkeit.

Wir haben die Ewigkeit gepachtet. Wir bestimmen die Statik und Statistik der ganzen Erde. Wir beherrschen die Natur zu Wasser, zu Lande und in der Luft, desgleichen die der Menschen, die von uns abhängig sind in all ihren Unternehmungen. Ihre Werte vermögen sie nur durch uns zu messen. Wir fördern die Begabten unter ihnen durch tieferen Einblick in unsere Gesetze.

NUR WIR ZÄHLEN IN DER WELT!

Eine bunte Gesellschaft von geraden und ungeraden Zahlen waren in der Wohnung von Neun versammelt. Nachdem der Gastgeber den Fernseher abgeschaltet hatte, sagte Vier mit seinem rührend schlichten Gemüt: «Unsere Überlegenheit so feierlich bestätigt zu hören, bewegt mich immer wieder zutiefst.»

«Ich finde es ungerecht, die Menschen mit uns zu vergleichen und sich über ihre Sterblichkeit zu mokieren», meinte Neun, von dem man wußte, daß er lieber nachdachte, als nachrechnete.

«Richtig», stimmten ihm ausnahmsweise sogar einige gerade Zahlen zu, also die gradlinig und entsprechend konservativ denkenden in diesem Kreis. «Wir sollten sie vielmehr bedauern, weil sie nur so kurze Zeit auf diesem Planeten sind. Eigentlich lohnt es sich für sie gar nicht zu leben. Ehe sie damit richtig angefangen haben, ist es schon wieder vorbei!»

Das Mitleid mit den Sterblichen und die beklemmende Vorstellung von etwas so Abscheulichem wie dem Tod deprimierte die ganze Versammlung, selbst die weniger sensiblen Primzahlen so sehr, daß 17 schließlich vorschlug: «Dieser Menschenmief hier drin ist ja nicht zum Aushalten. Wir sollten einen Spaziergang machen.»

Über das Straßenpflaster aus lauter steinernen Nullen, das die leichtfüßig hineilenden Zahlen im Laufe der Jahrhunderte blankgescheuert hatten, schlenderte die Gruppe bis zum Denkmal von 474, jenem Numerologen, dem der schlüssige Beweis der Unsterblichkeit aller Zahlen zum Ruhm verholfen hatte: «Da erwiesen ist, daß noch nie eine Zahl gestorben ist, ist jede Zahl unsterblich.»

Das klang überzeugend. Noch nie hatte einer eine tote Zahl gesehen. Um seine These zu überprüfen, hatte 474 sich von einem Steilhang heruntergestürzt – und überlebt. Dafür hatte man ihn mit einem Lehrstuhl für die Wissenschaft von der Ewigkeit an der Universität von Numeropolis belohnt.

«Trotz ihrer Beschränktheit durch den Tod finde ich die Menschen irgendwie faszinierend», sagte Neun. «Man sollte sie nicht nur belächeln oder bedauern. Es gibt, meine ich, auch Bewundernswertes an ihnen.»

Seine Begleiter schüttelten den Kopf. «Sie werden geboren, siechen nach ein paar Jahren dahin und sterben . . . Was ist daran bewundernswert?»

«Eben dies: daß sie von ihrer Sterblichkeit wissen, nur wenig Zeit haben und dennoch so erstaunlich kreativ sind. Sie bemühen sich, das Beste aus ihrer Situation zu machen», erklärte Neun und fügte nach einer Denkpause hinzu: «So wenig Zeit zu haben ... Wieviel Mut gehört doch dazu, in diesem winzigen Bruchteil der Ewigkeit etwas Gescheites anzufangen. Und es scheint nicht der Mut der Verzweiflung zu sein, der sie dazu treibt.»

Neun war, wie man schon bemerkt haben wird, nicht nur eine stark emotional veranlagte Zahl, sondern zugleich eine logisch denkende. Davon gab es nicht viele.

Als seine Freunde ihn verständnislos ansahen, schwor er sich insgeheim, mehr über die Menschen herauszufinden, nein, nicht nur mehr, sondern alles, was sich über sie in Erfahrung bringen ließ – auch auf die Gefahr hin, von seinen Landsleuten deswegen verspottet oder gar angefeindet zu werden.

Es war eine windstille, sternklare Nacht, als Neun wieder nach Hause zurückkehrte. Die Boulevards waren in mildes Licht getaucht. Fassadenputzer schrubbten die Marmorwände der öffentlichen Gebäude mit großen Bürsten, jedoch nicht die Fenster, weil man sonst hätte hineinsehen können, und bei ihrer Arbeit beobachtet zu werden, wäre den Beamten und den Politikern des Zahlenvolks ebenso unangenehm gewesen wie den Bürgern ein Blick in ihr Schlafzimmer.

Die Stadt ließ gefährliche oder schmutzige Arbeiten durch Gastarbeiter aus fernen Gegenden verrichten, die groß und kräftig, extrem billig, bescheiden und aufgrund ihrer hohen Zahlen, die man sich unmöglich merken konnte, so gut wie namenlos waren und auch alle ziemlich gleich aussahen.

Aber nicht groß und gewichtig, sondern klein und zierlich galt bei den Zahlen als hübsch. Schönheit brachte ihnen – wie übrigens auch den Menschen – gesellschaftliche Vorteile. Darum wären die meisten Zahlen mit der Zeit lieber kleiner als größer geworden. Doch ein sozialer Aufstieg zu den unteren Tausend war nicht möglich. Jede Zahl hatte ihren unverrückbaren Standort im System, und die großen mußten sich damit abfinden, auf ewig Knechte der kleinen zu sein.

Das sogenannte Gesetz der aufsteigenden Verantwortung übertrug den höheren Zahlen die Verantwortung für das Wohl der tonangebenden Oberschicht der unteren Zahlen. Das bedeutete, die Massennummern waren dafür verantwortlich, daß die Privilegierten es bequem hatten. Deshalb kamen sie, zum Beispiel vor einer Parade, schon nachts in Kolonnen in die Stadt und stellten lautlos die Tribünen auf, und hinterher beseitigten sie ebenso unauffällig die Abfälle. Solche stillschweigenden Dienstleistungen machten das Leben in Numeropolis ausgesprochen angenehm und sparten den besser Situierten viel Mühe und Kosten. Perfekte Ordnung und Sauberkeit waren für die Zahlen das, was den Griechen des Goldenen Zeitalters die Bildhauerkunst bedeutete: der Maßstab und sichtbare Ausdruck ihrer Kultur.

Doch in dieser Nacht verlor Neun den Blick für die grandiosen Errungenschaften seines Volkes.

Von nun an wollte er ergründen, was das Leben der Menschen lebenswert machte und was ihn an den gleichsam zum Tode Verurteilten so magisch anzog.

2 Neun beginnt mit seinen Nachforschungen

Es war kurz vor den Wahlen, die in der Zahlenrepublik normalerweise schnell abgewickelt wurden. Das Auszählen der Stimmen geschah nach dem «Prinzip des Fernbleibens». Wer nicht zur Wahl erschien, stimmte für die Regierungspartei. Zur Belohnung durfte er zu Hause bleiben und den Tag blaumachen. Wer unbedingt wählen wollte, dessen Stimme wurde der Regierungspartei vom Gesamtergebnis abgezogen. Betrug war ausgeschlossen, und einfacher ging es wirklich nicht. Dies ist nur ein Beispiel für die unglaubliche Logik und Berechenbarkeit, welche die Welt der Zahlen auszeichnete. Seitdem diese Methode angewandt wurde, gab es keine ratlosen Bürger mehr und kaum noch Überraschungen.

Der amtierende Präsident, General 777*, hatte wegen seines aufbrausenden Temperaments den Spitznamen «Dynamit» erhalten. Die Bürger verziehen ihm jedoch seine Wutausbrüche, weil sie sich schnell wieder legten, obwohl es hieß, daß der General sich zur Beruhigung gelegentlich in einen Kühlschrank zurückziehen mußte. Das wichtigste war für das Volk die Tatsache, daß die Zahlenrepublik noch nie einem feindlichen Angriff ausgesetzt gewesen war. Das rechnete man dem General als sein besonderes Verdienst an. Eine Armee von unendlich vielen Soldaten unterstand seinem Befehl, doch er hatte im Grunde noch nie einen erteilen müssen, es sei denn für Paraden. Auch das sprach für ihn. Außerdem besaß General 777* eine für eine Zahl ungewöhnlich charismatische Ausstrahlung.

Sein Herausforderer war Professor 1000, eine ausgesprochen konservative Erscheinung in altmodischem Frack. Der Vorsitzende der Gleichheits-Partei, bekannt für seine phänomenale Bildung, propagierte die Idee der «intelligenten Gesellschaft», der er «höhere Mathematik für alle» versprach.

Der General dagegen trat für Sport, Drill, Ordnung und Verteidigungsbereitschaft ein, was die Eliteeinheiten seiner Armee bei Aufmärschen oft und eindrucksvoll zur Schau stellten. Sein Wahlspruch lautete: «Jede Zahl zählt!» denn das Zahlensystem beruhe «auf uns allen». Der Professor vertrat indessen die Ansicht: «Keine Zahl ist unersetzlich.» In einem waren sich die beiden Rivalen um die Gunst der Masse einig: Sie waren entschieden gegen die Todesstrafe. Sie hätte auch nichts genützt, da Zahlen unsterblich sind. Doch bildete die kategorische Ablehnung, wie sich erwies, ungeheures Vertrauen.

Nach den letzten Meinungsumfragen lagen die Kandidaten in der Wählergunst eng beieinander.

Der Professor rechnete damit, daß die letzte Fernsehdebatte das Blatt zu seinen Gunsten wenden würde, und der General baute selbstverständlich ebenso zuversichtlich auf seinen Sieg.

Im Verlauf dieser Diskussion führte der Professor aus: «Ich glaube an die Macht der Bildung. Wenn die Durchschnittszahl mehr lernen würde, könnte sie auch mehr wissen.» Er lächelte so gütig, als habe er eine Heilsbotschaft verkündet oder ein Wundermittelrezept zum besten gegeben.

«Das sind nichts als elitäre Phrasen», erwiderte 777* ärgerlich. «Die Durchschnittszahl ist in Ordnung, wie sie ist. Jedesmal, wenn Sie vor einem praktischen Problem stehen, kommen Sie mit einer . . . einer . . .» Er hatte offensichtlich den Faden verloren.

«Einer was?» fragte der Professor lächelnd. «Geben Sie acht, daß jetzt ein Femininum folgen muß!» Er kannte die Schwäche des Generals, spontan die richtigen Worte zu finden. «Und schielen Sie nicht nach Ihrem Stabschef. Finden Sie selbst eine Lösung dieses grammatikalischen Problems, soweit Ihre Bildung das zuläßt!»

«Es zählt nur die Praxis», rief der General, wie stets, wenn er sich verheddert hatte, um derweil Zeit zu gewinnen, den Faden wiederzufinden – was sich zumeist als überflüssig erwies, da Diskussionsgegner es ohnehin vorzogen, aneinander vorbeizureden. Das strengte weniger an.

Über die Tatsache, warum die Nation noch nie einem Angriff von außen ausgesetzt war, gingen ihre Meinungen ebenfalls auseinander. «Weil wir als unbesiegbar gelten», behauptete der General.

«Weil es keine Bedrohung von außen gibt», entgegnete der Professor. «Unser einziger Feind ist die Unwissenheit.»

Zutreffend war, daß die Armee noch nie ernsthaft gekämpft hatte. Bisher hatte ihre Aufgabe lediglich darin bestanden, systemkritische rote Zahlen zur Räson zu bringen, das Volk in Sicherheit zu wiegen, die Leibstandarte des Präsidenten zu stellen und vor allem: täglich zu exerzieren. Damit war der militärische Aufwand vollauf gerechtfertigt und die Republik zufrieden.

Die Diskussion ging, wie üblich, unentschieden aus. Beide Kontrahenten glaubten sich im Recht und sahen dem Wahltag zuversichtlich entgegen. Bis dahin waren es allerdings noch zwei Wochen – und es sollte inzwischen noch viel geschehen. Sonst wäre diese Geschichte nie geschrieben worden.

Vom Busfenster aus fiel Neuns Blick auf den braunen Sandsteinbau von einem der wenigen Hotels. Da es kein Ausland gab, keine internationalen Beziehungen, war der Tourismus gering. Neun war auf dem Weg zur Universität von Numeropolis, um mehr über die Menschen in Erfahrung zu bringen. Er glich an diesem Morgen mit seinem grünen Pullover und den Turnschuhen einem Studenten – nur seine auffällige Eile, mit der er über den Campus schritt, unterschied ihn von den echten Studenten.

Er war mit 44 verabredet, der Leitziffer des Numerologischen Instituts.

Aus einem Hörsaal vernahm er die Stimme eines Dozenten: «Außerdem kennen wir keine Probleme mit weiblicher oder männlicher Rollenverteilung und haben es nicht nötig, neues Leben in die Welt zu setzen. Unsere Bevölkerungszahl ist konstant, und alle Mitglieder unserer Gesellschaft erfreuen sich einer ewig währenden Existenz.»

Als 44 aus seinem Büro trat, fragte Neun ihn geradeheraus nach dem Wesen der Menschen. Auf die typische Art der Akademiker begann 44 zunächst ausweichend: «Nun, sehr viel wissen wir nicht, aber immerhin soviel, daß die Menschen denselben geographischen Raum bewohnen wie wir.»

«Können wir mit ihnen reden?» fragte Neun.

«Nein, das ist eine Grundregel: Ein Sterblicher kann nicht mit einem Unsterblichen reden.» Während er sprach, putzte er sorgfältig seine Brille, um sie dann ebenso sorgfältig in die Brusttasche seiner Tweedjacke zu stecken.

Neun bohrte weiter: «Wie alt sind die Menschen, wenn sie erfahren, daß sie sterben müssen?»

44 antwortete: «Das ist unterschiedlich, könnte ich mir denken.» Er beschrieb die Stätten der Menschen, so gut er konnte, und erwähnte verlustreiche Kriege, die durch Liebe oder durch Haß angezettelt worden waren. Obwohl Neun solche Gefühlsregungen nicht kannte, bemitleidete er die Menschen, deren bescheidene Freude darin bestand, kaum geboren, schon wieder dahinscheidend,

schnell so etwas Kompliziertes wie Liebe oder Haß zu entwickeln.

Nüchtern bemerkte der Dozent: «Einige von uns glauben überhaupt nicht an die Existenz der Menschen.» Er nahm eine technische Zeitschrift aus seiner Tasche und blätterte sie durch, bis er auf einen Artikel mit der Überschrift *Die Nichtexistenz der Menschen* stieß.

Neun war bestürzt. «Aber Sie selbst glauben doch an ihre Existenz – oder nicht?»

«Nun, ja», sagte der Dozent. Es klang nicht sehr überzeugend.

«Hat sie jemals einer gesehen?» fragte Neun.

«Nein, eigentlich nicht so recht», gab der Dozent zu.

«Sehen sie uns?»

Der Dozent zögerte. «Vermutlich», sagte er schließlich. «Aber es wird ihnen nicht viel nützen. Sie verstehen wohl nicht mehr von uns als wir von ihnen. Eine Ausnahme war der kleine Karl Gauß. Er wurde durch uns der größte Mathematiker aller Zeiten. Wir verliehen ihm die wunderbare Gabe, die nur ganz wenigen zuteil wird, nämlich uns ganz und gar zu begreifen.» Auch Archimedes und Newton erwähnte er, jedoch nicht ohne zu betonen, daß alle diese sogenannten Genies tot waren, während alle Zahlen lebten.

«Leben heute noch solche Genies?» fragte Neun.

«Nur zwei, und die haben kaum eine Chance, berühmt zu werden.» Das eine Genie, erklärte er, sei ein schwarzer Mensch in einem Land, in dem nur

Weiße das Recht hätten, Genies zu werden, auch wenn unter diesen Weißen keines zu finden sei. Deshalb habe er seine Zahlenspiele in Musiknoten umgesetzt. Diese Narrenfreiheit habe man ihm gelassen, und nun singen alle Schwarzen seine Lieder. Inzwischen sei er, wie das bei Menschen nicht anders zu erwarten sei, alt und zähle nur noch seine Tage.

«Und das zweite Genie?» wollte Neun wissen.

«Das ist noch sehr jung, hat aber ein nicht weniger großes Manko: Es ist ein Mädchen. Elisabeth Smith heißt sie, und sie ist vielleicht noch begabter als der kleine Gauß, aber eben kein männliches Wesen.»

«Und wie kam das Genie in dem Mädchen zustande?»

«Reiner Zufall. Ihr Vater, ein Buchhalter in bescheidenen Verhältnissen, hatte die feuchten Wände des Kinderzimmers mit den Seiten aus einem alten Kontobuch beklebt. Stundenlang hat Elisabeth von ihrem Bett oder ihrem Stühlchen aus die Zahlenkolonnen betrachtet und dann mit ihnen aus Spaß zu rechnen begonnen. Sie suchte sich Primzahlen raus, brachte sich selbst Wurzelziehen bei, kurz, sie fand Gefallen an der Mathematik und entwickelte für sich selbst ganz neue Rechenaufgaben und Lösungen . . . Dennoch», beendete der Dozent seine Beschreibung der kleinen Elisabeth mit einem Stoßseufzer, «wird sie mit ihrem Genie leider nicht weit kommen.»

«Weil sie sterben wird, ehe sie berühmt ist?» fragte Neun.

«Schlimmer noch. Weil es bei einem Mädchen als

ein Zeichen von Schwachsinn oder zumindest von dummer Zeitverschwendung gilt, wenn es stundenlang über Zahlen brütet ... Aber Elisabeth liebt uns halt über alle Maßen.»

«Weiß sie auch, daß ihre Tage gezählt sind?» platzte Neun heraus.

«Nicht so genau.»

Auf dem Heimweg dachte Neun immer noch an die kleine Elisabeth. Er hatte das unwiderstehliche Verlangen, mit ihr zu reden und sie zu bitten, das Studium der Zahlen nicht aufzugeben.

3 Neun trifft Elisabeth

Die Zahlenrepublik war so gut geführt, daß kaum je ein Gesetz übertreten wurde. 55, der Rechtsanwalt, konnte von seinem Büro aus ein Dutzend gefährlicher Straßenkreuzungen überblicken. Dennoch hatte er kaum jemals Gelegenheit, einen Verkehrssünder zu vertreten. Andere Vergehen kamen sogar noch weniger in Betracht: Diebstahl lohnte sich nicht, weil eine Zahl mit mehr Besitz nichts anzufangen wußte und jeder Mordversuch schon am Faktum der unabänderlichen Unsterblichkeit gescheitert wäre. Schlägereien kamen dagegen häufiger vor, weil die geraden und die ungeraden Zahlen weltanschaulich gegensätzlicher Ansicht waren und einander leicht in die Haare gerieten. Die Bestrafung dafür war ebenso weise wie milde: Eine schuldig gesprochene gerade Zahl wurde beispielsweise nur so lange in Haft gehalten, bis eine ungerade nach dem gleichen Paragraphen verurteilt worden war. Nach dem logischen Prinzip der gegenseitigen Aufhebung oder des wechselseitigen Schadensausgleichs wurden beide wieder in die Freiheit entlassen.

Mehr als der Anwalt hatte der Architekt zu tun, wenn auch immer dasselbe. Hatte sich ein Gebäudetyp bewährt, funktionierte eine Stadt, wie sie dastand, so wurde das Modell einfach übernommen; manchmal allerdings in einem größeren Maßstab, um höhere Zahlen beherbergen zu können. Das war aber auch schon der Gipfel der Kreativität, mehr schien nicht vonnöten, und keine Zahl pflegte mehr zu tun, als eben vonnöten war.

Was die Rolle der Kunst in der Numerischen Republik betraf, so muß man sagen, daß sie ziemlich vernachlässigt wurde, und zwar aus naheliegenden Gründen: So war etwa das Theater, ohne den Tod als dramatischen Höhepunkt einsetzen zu können, praktisch tot. Einige Stücke liefen ganz gut an, verloren dann aber ebenso abrupt an Zugkraft wie ein Elektromagnet, wenn er abgeschaltet wird. Die Malerei litt deutlich unter dem Mangel an Motiven: Die Landschaften waren leblos, die Interieurs derart abstrakt, daß man sie überhaupt nicht sah, und was die Porträtmalerei betraf, so sah eine abkonterfeite Ziffer genau wie ihr Spiegelbild aus, und dieses hängten sich nur sehr Naive oder sehr Prominente an die Wand. Die Bildhauerei erwies sich als eine einträgliche Kunst, weil man allgemein der Auffassung war, daß das Format einer Zahl durch plastische Darstellung unwahrscheinlich gewann. Jeder Zahlenländer, der auf sich hielt, hatte ein dreidimensionales Abbild seiner Gestalt in seinem Wohnzimmer stehen, gewissermaßen als Ersatz des Hausaltars, und auf jedem Platz, sogar beinahe an jeder Straßenecke der Hauptstadt, stand ein überdimensionales Denkmal von berühmten und verdienten Zahlen, aber auch eines zu Ehren der unbekannten Zahl.

Über die Dichtkunst läßt sich leider wenig Rühmliches sagen: Sie war dem Publikum offenbar zu wenig konkret. Poetische Gefühlsduselei wirkte lächerlich, das heißt irgendwie menschlich, obwohl niemand exakt zu sagen vermochte, was man sich unter «menschlich» vorzustellen habe. Jedoch gehörten Abzählreime nach Art des «Zehn kleine Negerlein» zum heiliggehaltenen Volksgut, und jede Zahl konnte viele davon auswendig.

Die Musik war dank ihrer Verwandtschaft von Noten und Zahlen schon wesentlich höher entwikkelt. Sie wurde als melodische Form der Mathematik betrachtet und war entsprechend beliebt. Insgesamt muß freilich zugegeben werden, daß die Zahlengesellschaft für Schöngeistiges wenig übrig hatte, und es herrschte unter jenen, die imstande waren, sich über dieses Thema zu äußern, von jeher Uneinigkeit darüber, ob die Beschäftigung mit Kultur, vor allem mit Reinkultur, also ohne alle mathematische Zutaten, die Gesundheit förderte oder ihr schadete. Manche Zahlenpsychiater behaupteten, daß es durch den Genuß von allzuviel Kunst oder gar Künstlichem zu einer Identitätskrise kommen könne. Deren Schwere wurde daran gemessen, wie viele Einheiten entfernt von ihrem eigentlichen Wert sich die Zahl glaubte. Solche Leiden wurden im Sanatorium für Bruchzahlen geheilt.

Im Regierungspalast begrüßte General 777* sein Kabinett zu einer Routinesitzung. Die Mitte des ausgeklügelt geometrisch gestalteten Saals nahm der Konferenztisch ein, der wie eine schiefe Ebene in mäßig steilem Winkel zur hohen Decke ragte. Auf diese Weise konnten die unterschiedlich großen Mitglieder den Platz einnehmen, an dem ihr Kopf gerade noch über den Tisch ragte. Wer zuviel von sich sehen ließ, galt als anmaßend, wer sich unter dem Tisch versteckte und zuwenig von sich sehen ließ, wurde als Duckmäuser betrachtet. Entsprechend seiner mittleren Größe saß der General auf halber Schräge und, wie es ihm zukam, weitaus mehr über dem Tisch als darunter.

Als erster erhielt der Oberstatistiker das Wort, um seinen Bericht über die Lage der Nation vorzutragen. «Keine Verbrechen, kein Aufruhr, zwei Verkehrsdelikte – nur ein Fall von Irrationalität.»

«Nämlich?» fragte der Präsident gähnend.

«Es hat mal wieder jemand verdächtiges Interesse an der möglichen Existenz der Menschen erkennen lassen und versucht, an diesbezügliche Staatsgeheimnisse heranzukommen.»

«Manche können einfach keine Ruhe geben. Alles, was sich zu wissen lohnt, ist doch hinlänglich bekannt. Man sollte den Neugierigen auf seinen Gesundheitszustand untersuchen lassen. Was ist er von Beruf?» fragte der Präsident den Oberstatistiker, der zugleich der Chef der Stadtpolizei, der Meldebehörde, des Arbeits- und Finanzamtes war, weil alle das gleiche Zahlenmaterial auswerteten.

«Ein kleiner Laborant, ziemlich gescheit, aber trotzdem tüchtig.»

«Dann soll er mal eine Weile in der Provinz laborieren. Welche Zahlenkategorie?»

«Ein Einer, das ist ja der springende Punkt.»

«Name?»

«Neun.»

«Nie gehört. Wie kommt ein schlichter Laborant in diese Kategorie? Kann mir das jemand verraten?»

Die Minister schüttelten den Kopf. Der Oberstatistiker blätterte in seinen Unterlagen. «Alte Familie, Verwandter von Drei und Sechs. Bisher nie auffällig gewesen. Plötzlich will er die Vorteile der Sterblichkeit ergründen.»

«Dabei wird er sich unsterblich blamieren, möchte ich voraussagen!» rief der Präsident, lachte sein bekanntes Offizierskasinolachen und schlug mit der flachen Hand auf den Tisch, zum Zeichen, daß er den Witz des Tages zum besten gegeben hatte und die Sitzung damit geschlossen war.

Die Minister und Berater packten ihre Taschenrechner und Zahlentabellen zusammen und flüsterten einander zu: «Das war wieder eine völlig überflüssige Diskussion. Nur, weil sich einer unter Billionen den Menschen in den Kopf gesetzt hat . . . Als könnte der die Präsidentschaft an sich reißen, die Republik umkrempeln, uns alle zu feilen Sklaven der Menschen machen . . . Sofern es sie überhaupt gibt!»

In der Zeitung war am nächsten Tag zu lesen, daß es von der Kabinettssitzung nichts von Bedeutung zu berichten gebe – ein Zeichen dafür, daß der Staat noch nie so gut dagestanden habe wie gerade jetzt.

Neuns letzter Gedanke vor dem Einschlafen an diesem Abend war, daß die Menschen mutiger waren als die Zahlen. Im Traum sah er sich vor einer gläsernen Mauer stehen mit einer Fahrkarte ins Menschenland in der Hand und erwachte plötzlich mit einem ganz merkwürdigen Gefühl, so, als habe er soeben eine sensationelle Entdeckung gemacht. Dann geschah das Wunderbare. Ganz leicht nur lehnte er sich gegen die Zimmerwand, die erstaunlicherweise keinen Widerstand leistete, und stieg durch sie hindurch. Er befand sich im Freien – allein im Mondschein. Feine Schneeflocken wirbelten umher. Ein eisiger Wind wehte.

Plötzlich entdeckte Neun, daß er flog. Unter sich sah er die schneebedeckten Dächer und vereisten Fenster von Numeropolis. Die Stadt wurde immer kleiner, während er wie ein gutgeworfener Speer sicher seinem Ziel zusteuerte.

Schon bald flog er höher als die Angst einjagenden Riesenvögel aus Metall, die seine Flugbahnen ein paarmal gekreuzt hatten und von denen er nicht wußte, woher sie kamen und wohin sie flogen. Und weiter ging es über hohe Gebirge und weite Wasserflächen. Er fühlte sich so sicher, daß er aus Spaß einen Sturzflug riskierte, um, selbst ein Delphin der Lüfte, diejenigen des Meeres zu grüßen. Die antworteten jedoch nicht. Er vernahm nur das Schreien der Seeschwalben tief unter sich.

Das nächste, dessen er sich bewußt wurde, war seine Landung auf der Plattform eines Brückenpfeilers. Es war an einem Samstagmorgen. Er sah Lagerhäuser, Werften und Fabriken. Das könnte die Gegend sein, in der Elisabeth lebt, dachte er. Unter sich hörte er das Rattern von Lastwagen und das Stampfen von Lokomotiven. Dann flog er weiter über düstere Wohnhäuser, von denen einige mit Brettern vernagelt waren. Ein Kino tauchte vor ihm auf, dann eine Reihe roter Backsteinhäuser mit Feuerleitern an ihrer Frontseite. Ein schmales Haus mit abbröckelndem Putz und eng beieinanderstehenden Fenstern erweckte seine Aufmerksamkeit. Warum, wußte er selbst nicht. Dann befand er sich plötzlich, ohne das Haus, wie es sich gehört hätte, durch den Eingang betreten zu haben, in einem Zimmer, dessen Wände fast vollständig mit vergilbten Seiten aus einem Kontobuch bedeckt waren.

Für den Bruchteil einer Sekunde war er verwirrt. Dann wußte er, wo er sich befand; denn er sah *sie*. Was für eine zerbrechliche Schönheit, dachte er. Sie war genauso zart, wie er es von einer Sterblichen erwartet hatte, und viel beeindruckender als alle Zahlen, die er je gesehen hatte.

Das Zimmer war spärlich möbliert, nur mit einem kleinen Holztisch, auf dem ein paar Bücher lagen, und einem roten Kinderbett. Elisabeth saß am Fenster und arbeitete an einem Problem mit Formeln. Die Feinheit ihrer Züge überwältigte ihn. Er betrachtete ihr braunes, geflochtenes Haar, ihre großen, wachen Augen und die Silberspange über der oberen Zahnreihe. Ihre Haut war von einem zarten Rosa – eine Farbe, die er nie zuvor gesehen hatte. In ihr pulsierte ganz deutlich das Leben.

Das Mädchen saß in äußerster Konzentration über seiner Aufgabe, und er hatte nicht die Absicht, sie dabei zu stören. Schließlich war sie mit seinesgleichen beschäftigt und auch mit ihm selbst. Neun sah, wie Elisabeth mehrere Male seinen Namen niederschrieb. Er hörte, wie sie vor sich hin murmelte: «Hm, ich weiß nicht, wo der Fehler steckt, aber ich werd ihn schon noch finden . . .»

Plötzlich konnte er nicht mehr an sich halten und platzte heraus: «Laß die Null nicht weg. Die ist doch auch etwas wert.»

«Nanu!» wunderte sie sich. «Wer hat denn da gesprochen?»

«Ich bin es, Neun», sagte er, und einen schrecklichen Moment lang fragte er sich, ob sie wohl den Sinn seiner Worte verstehen konnte.

«Neun?» wiederholte sie verdutzt. «Ich habe mir so gewünscht, daß du eines Tages auftauchst.»

Sie nahm einen dicken schwarzen Stift aus einer Schachtel und zeichnete liebevoll eine wunderschöne Neun.

«Von allen Zahlen, die es gibt, hast du ausgerechnet mich herbeigewünscht?» fragte Neun geschmeichelt.

Mit einem strahlenden Lächeln beugte sie sich vor und sprach zu der Neun, die sie gezeichnet hatte: «Weil du meine Lieblingszahl bist. Du siehst aus wie ein aufgestützter Kopf, der denkt. Das ist auch meine liebste Haltung. Weißt du, mein Vater will nicht, daß ich weiter Mathematik treibe. Er sagt, für eine Frau könnte ich schon genug gut rechnen. Wenn ich noch besser rechnen würde, nähme mich kein Mann mehr. Schade, nicht?»

«Ich weiß. Deshalb bin ich gekommen. Ich möchte dir helfen.»

«Aber wie denn?» Sie lehnte sich überrascht zurück.

Neun hatte nicht die volle Wahrheit gesagt. Er wollte nicht nur Elisabeth helfen, sie sollte auch ihm behilflich sein, nämlich beim Studium der Menschen und ihrer Sterblichkeit. Jetzt stotterte er, wie so oft, wenn er zu schnell redete. «Ich, eh ... ich bin hier, weil ich glaube, daß du ..., daß wir zusammen ... und da bin ich eben.»

Er war sich bewußt, seine Absicht nicht ganz klar zum Ausdruck gebracht zu haben, und fügte hinzu: «Ich hoffe, du denkst nicht daran, mich aufzugeben ... ich meine, die Zahlen endgültig aufzugeben.» Es hörte sich an wie das Betteln eines Kindes, das nicht allein gelassen werden wollte.

Sie war überrascht. Schließlich hatte ihr noch nie jemand eine Liebeserklärung gemacht. Sie hatte nur manchmal von so etwas geträumt.

«Ich werde weiterarbeiten», versprach sie, «schon dir zuliebe.»

Wieder sah er sie hingerissen an. Mehr noch als Elisabeths Versprechen beeindruckte ihn die strahlende Aura der Vergänglichkeit um sie herum. Nichts Vergleichbares war an einer Zahl wahrzunehmen. Hoffentlich läßt sie sich von ihrer Sterblichkeit nicht allzusehr irritieren. Ich würde meine Unsterblichkeit für sie hingeben, aber das ist leicht gesagt. So etwas ist ja ein für allemal festgelegt und nicht austauschbar.

Während er noch über dieses schwer lösbare Problem nachdachte, wurde Elisabeth von ihrem Vater gerufen. Sie antwortete und verschwand, ohne sich zuvor von ihrem Besucher, ihrer Lieblingszahl, zu verabschieden. Vergaß sie so schnell, oder glaubte sie, Neun würde fortan immer bei ihr bleiben? Er wußte es nicht. Sie kannten sich ja erst so kurze Zeit. Und natürlich konnte er nicht bleiben. Weil kein Traum länger als ein paar Minuten dauert.

Traurig glitt er wieder über die schneebedeckten Dächer dahin und sah bald wieder die Brücke mit ihren steinernen Aufbauten und Stahltrossen. Er dachte, er müsse auf seinem Weg gen Himmel durch einen ihrer Bögen tauchen. Doch schon lagen die Schiffe in der großen, geschwungenen Bucht, die Wolkenkratzer und das Panorama der gesamten Stadt bereits tief unter ihm.

Er wußte, daß er in die Zahlenrepublik heimgekehrt war, noch bevor die Wand vor ihm auftauchte und er mit ihr zusammenzustoßen drohte. Aber wieder gab sie nach, er sank in sein Bett und fragte sich, ob er alles nur geträumt hatte.

4 Unruhe entsteht

Als Neun einigen seiner Einer- und Zehnerfreunde im Club von seiner Begegnung mit Elisabeth berichtete, schenkten sie seinen Worten natürlich keinen Glauben.

«Nur ein Sterblicher kann mit einem Sterblichen sprechen», erinnerten sie ihn.

«So hat es bisher geheißen. Es ist aber offensichtlich nicht so», erwiderte Neun.

Dann ließ Sieben, mit dem er gut befreundet war, die sarkastische Bemerkung fallen: «Vielleicht sind wir ja auch sterblich.»

«Zumindest hast du eine blühende Phantasie», erklärte Acht herablassend und dachte dabei an die Bemühungen von Sieben, sich als Künstler durchzusetzen, was in der Zahlenrepublik ungeheuer schwierig war.

«Unsinn», sagte ein anderer. «Schließlich ist noch nie eine Zahl gestorben.»

«Schlag dir die Menschen lieber aus dem Kopf, sonst werden sie für dich noch zu einer fixen Idee», riet 13, der Psychologe. «Obwohl ein Fall von Vermenschlichung ein interessanter Fall wäre, muß ich dich als Freund warnen. Wir haben bisher keine Therapie dagegen entwickelt. Ich kann dir nur raten, dich nicht in die Menschen zu verbeißen. Du könntest darüber leicht zur Unglückszahl werden.»

«Und das lohnt sich nicht», stimmten ihm andere bei. «Was wäre denn durch die Menschen zu gewinnen? Nichts! Nicht wir brauchen sie, sie brauchen uns!»

Als sich Neuns angebliche Begegnung mit einem Menschenkind herumsprach, stand für die meisten fest, daß er den Verstand verloren hatte. «Du hast wohl mit einem Sterblichen geredet» bedeutete von jetzt an soviel wie: Du siehst Gespenster. Und die Vorstellung von «sterblichen Zahlen» galt als frivol.

Doch wie manches Frivole faszinierte diese Spekulation auch und flößte gleichzeitig Furcht ein. Das Fernsehen, froh, daß es endlich mal wieder ein aktuelles und kitzliges Thema gab, kündigte eine Open-End-Diskussion über «Das Phänomen ‹Tod› und was es uns angeht» an – doch es kam nicht dazu. Der Aufsichtsrat sorgte dafür, daß die Sendung aus dem Programm gestrichen wurde. Der Tod sei für eine solide Spezies wie die Zahlen mit ihrer Unsterblichkeit kein lohnendes Thema. Es ernst nehmen, hieße das Volk unnötig beunruhigen.

Die Boulevardpresse freilich, wie stets auf Hanebüchenes erpicht, riskierte es, Neuns Bericht über seinen Besuch bei dem Menschen Elisabeth zu veröffentlichen, und die Ausgabe fand reißenden Absatz, vor allem bei der Masse der vielstelligen Zahlen auf dem Lande. Eine so aufregende Reportage hatten sie noch nie gelesen, und daß darin von etwas so Gruseligem wie Sterblichkeit die Rede war, erhöhte den Reiz der Geschichte nur noch. Um sich nach der Lektüre wieder zu beruhigen, sagte man sich: «Zum Glück betrifft uns das alles nicht. Wir sind gesund und unsterblich und werden es ewig bleiben, aber die armen Menschen sind schlimm dran.»

So dachten sehr viele, jedoch durchaus nicht alle. Einige Zahlen, teils große, teils kleine, die grüblerisch veranlagt waren oder sich auch nur wichtig machen wollten, meinten: «Und wenn die Sterblichkeit nun doch eine übertragbare Krankheit ist und die Neun bei seiner Rückkehr aus der Menschenwelt den Tod bei uns eingeschleppt hätte? Dann könnte es sein, daß wir in Kürze nicht mehr unsterblich sind. Zumindest muß man aufpassen, daß man sich nicht infiziert.»

Zum ersten Mal im Verlauf der unendlich langen Geschichte der Zahlenrepublik machte sich langsam und unterschwellig eine Verunsicherung breit. Mehr und mehr im ungewissen darüber, ob man denn wirklich noch unbeschränkt viel Zeit vor sich hatte, begannen die Bürger, diese unterschiedlich und merkwürdig zu nutzen. Hatten sich diese hellhörigen Ziffern vordem, im sicheren Bewußtsein ihrer Unsterblichkeit, wohlerzogen verhalten, so verloren sie jetzt ihre Contenance. Beispielsweise hatte es in den Straßen von Numeropolis seit Zahlengedenken keine Drängelei und kein rücksichtsloses Anrempeln gegeben. Jetzt war plötzlich fast jeder in Eile und versuchte, sich seinen Weg mit den Ellenbogen zu bahnen. Ohne daß eine Teuerung zur Debatte stand, wurden die Warenhäuser leergekauft, Einladungen wurden mit der absurden Entschuldigung, daß man keine Zeit habe, abgesagt, und manche Unternehmer drohten ihren Angestellten an, verschwendete Zeit vom Lohn abzuziehen. Schlimmer noch: Ein Museumswärter, der jahrzehntelang eine antike Rechenmaschine bewacht hatte, packte sie eines Morgens und schleuderte sie gegen einen kostbaren astronomischen Zeitmesser, so daß beide Ausstellungsgegenstände in tausend Stücke brachen. Der Torwart der Fußball-Nationalmannschaft ließ am gleichen Tag alle Bälle durch und sagte nach dem Spiel, es sei seiner Meinung nach reine Zeitverschwendung, noch irgend etwas aufhalten zu wollen.

Diese Ereignisse waren besonders deswegen alarmierend, weil der Wahltag näherrückte und General 777*, bis dahin seiner Wiederwahl zum Präsidenten absolut sicher, immer nervöser wurde. Er ließ sich vom Oberstatistiker einen Zwischenbericht über die Lage der Nation vorlegen. In der Zusammenfassung der Einzelergebnisse hieß es: «Die in den letzten Tagen registrierten unerklärlichen Vorkommnisse fallen zwar aus dem Rahmen, ändern aber nichts an der Tatsache, daß die Zahlenrepublik nach wie vor unumschränkt die am besten funktionierende Zivilisation aller Zeiten ist.»

777* war mit dieser Feststellung nicht zufrieden. «Wenigstens untereinander sollten wir aufhören, leeres Stroh zu dreschen wie bisher. Die sogenannten ‹unerklärlichen Vorkommnisse› sind ab sofort erklärlich zu machen oder – was am sichersten wäre – strikt zu verbieten.»

Die Räte kratzten sich am Kopf. «Angst ist durch das Einjagen einer anderen Angst schwer zu beseitigen. Man verdoppelt sie dadurch eher», sagte einer.

«Deshalb sollten wir alles dransetzen», meinte ein anderer, «den Verängstigten zu beweisen, daß die Unsterblichkeit keineswegs in Gefahr ist.»

«Bravo! Das ist doch ganz leicht zu beweisen: Es ist bisher noch keine einzige Zahl gestorben!» konstatierte der Präsident.

«Das behaupten wir seit eh und je – und gerade das wird seit kurzem in Zweifel gezogen. Jetzt müssen handfeste, überzeugende Beweise her», wandte der Oberstatistiker ein.

«Und wie ließe sich das beweisen?»

«Indem wir dem Volk alle Zahlen präsentieren, von der Eins bis zur letzten Zahl.»

«Welches ist denn die letzte Zahl?» wollte einer der Räte wissen, aber die Frage wurde überhört.

Der Präsident hatte nämlich bereits entschieden: «Wir werden eine Parade von noch nie dagewesenem Ausmaß veranstalten. Alle Zahlen der Republik werden daran obligatorisch teilnehmen. Eine nach der anderen wird sich in Reih und Glied aufstellen, und wenn alle vollzählig versammelt sind, ist das der Beweis, daß niemand fehlt und wir allesamt unsterblich sind.»

Die Räte waren begeistert.

«Leiten Sie sofort die notwendigen Maßnahmen ein», befahl 777* seinem Adjutanten 793, der diesen Posten noch nicht lange bekleidete. Deshalb bat er um genauere Instruktionen. Er wollte partout nichts falsch machen.

«Wenn ich richtig verstanden habe, soll Eins die Parade anführen, dann folgen alle anderen Einer, alle Zehner, Hunderter und so weiter bis zu den Milliarden-Trillionen. Das gibt eine ziemlich lange Kolonne, und der Vorbeimarsch wird viel Zeit in Anspruch nehmen . . .»

«Nun kommen Sie mir nicht auch schon mit dem Zeitproblem!» donnerte der Präsident los. «Dergleichen gibt es bei uns nicht, verstanden?»

«Verzeihung, Herr Präsident», meldete sich der Oberstatistiker wieder zu Wort. «Mag auch die Zeit kein Problem sein, so müssen wir doch wenigstens wissen, welche Zahl den Schluß bilden wird, sonst wird der Zug unendlich lang, und das . . .»

777* verstand nicht recht. «Natürlich wird die höchste Zahl den Schluß bilden. Wo liegt da das Problem?»

«Darin, daß möglicherweise keiner von uns weiß, welches die höchste oder letzte Zahl ist», erklärte der Rat, der auf diese Schwierigkeit schon vor einer Stunde aufmerksam machen wollte.

«Wieso ist nicht bekannt, wer bei uns der letzte ist?» fragte der Präsident konsterniert in die Runde.

«Wieso ist er nicht erfaßt, Statistiker? Haben Sie denn beim vorletzten mit ihren Erhebungen aufgehört? Dann fragen Sie den, der muß doch seinen Hintermann kennen, das Schlußlicht.»

Der Adjutant glaubte, die Frage beantworten zu können, indem er in den Bücherschrank griff und das *Buch der Zahlen* herausholte, in dem die Plazierung aller Zahlen, ihre besonderen Eigenschaften, gegebenenfalls auch ihre Rekordleistungen verzeichnet waren. Die höchste Zahl war zu seiner großen Verwunderung nicht namentlich genannt. Auf der letzten Seite des Bandes stand in der letzten Zeile hinter einer unaussprechlich hohen Zahl einfach ein «etc».

Der Präsident bereitete dem allgemeinen Achselzucken ein Ende, indem er seine Faust so heftig auf den Konferenztisch niedersausen ließ, daß die kleineren und entsprechend leichteren Zahlen am anderen Ende ein Stück weit in die Luft katapultiert wurden. «Suchen Sie die letzte Zahl. In sieben Tagen hat sie am Ende der Parade zu marschieren. Sonst wäre der Aufmarsch nicht vollständig und ich vor dem Volk blamiert. Man würde glatt behaupten, die letzte Zahl sei nicht mehr am Leben – und damit wäre unsere Beweisführung schmählich zusammengebrochen. Das muß verhindert werden, verstanden?»

Als sich die Räte wieder aufgerappelt hatten und dem Ausgang zustrebten, ahnten sie, daß ihnen heiße Tage bevorstanden und die Zeit ihnen tatsächlich davonzulaufen drohte.

Unterdessen nahm die Unruhe, ja Panik im Volk stetig zu. Immer mehr Bürger verfielen in Gleichgültigkeit, erschienen nicht mehr zur Arbeit, blieben einfach im Bett liegen, um dort «das baldige Ende» abzuwarten. Andere legten übertriebene Geschäftigkeit an den Tag, begaben sich auf Reisen, häuften Vorräte an, versöhnten sich «vorsorglich» mit ihren Feinden oder vermachten ihren Besitz, «bevor es zu spät ist», ihren Freunden.

Kein Zweifel, die Zahlen brauchten dringend einen unantastbaren Beweis ihrer Unsterblichkeit, andernfalls waren sie über kurz oder lang verloren. Revolution, Bürgerkrieg, Anarchie und Chaos würden das Ende ihrer hochentwickelten Zivilisation sein.

«Und wem haben wir diesen Untergang zu verdanken?» fragte man sich allenthalben.

Die Antwort war eindeutig: «Der verdammten neugierigen Neun.»

Das war in der Tat nicht wegzudiskutieren: Hätte Neun seinen Mund gehalten und niemandem von seinem Besuch bei Elisabeth, dem unglückseligen menschlichen Zahlengenie, erzählt, wäre all das nicht passiert, was in der Folge geschah.

Und doch verspürte Neun keine Gewissensbisse. Er sagte sich: Da müssen wir eben durch! Aller Fortschritt entsteht aus dem Wagemut, daß einer seine Erkenntnis nicht für sich behält. Andernfalls wären wir über einmal eins ist eins noch nicht hinausgekommen.

5 Der General verliert an Boden

Für Neun besaß das Wort «Sterblichkeit» einen seltsamen Zauber. Um ein Gefühl dafür zu bekommen, wie das wohl sein mochte, ging er allein in den Wald und konzentrierte sich ganz auf die Vorstellung, daß er nur eine begrenzte Zeit zu leben hätte.

Zuerst beschleunigte er unbewußt seine Schritte, so als müßte er den Wald in einer bestimmten, sehr kurzen Zeit durchqueren. Dann überfiel ihn Traurigkeit bei dem Gedanken, daß er seinen Freund 87, der in einen entlegenen Winkel von Zahlenland gereist war, vielleicht niemals lebendig wiedersehen würde. Das Zirpen der Grillen, das Plätschern des Baches, das Rascheln im Gebüsch und die Vogelstimmen in den Baumkronen – all das glaubte er intensiver als je zuvor zu vernehmen. Und auch die optischen Eindrücke erschienen ihm viel stärker. Mit dem Wissen um die Sterblichkeit verklärte sich die Landschaft. Alles, was er wahrnahm, bekam einen tieferen Sinn, wirkte vielfältiger, bedeutungsvoller – und das nur, weil er sich vorstellte, daß es nicht von Dauer sei.

Von seinen Freunden fand nur Sieben, der vielseitige Künstler, das Sterblichkeits-Spiel anregend. Er habe sich ebenfalls des öftern in die Einsamkeit zurückgezogen, vertraute er Neun an, um «das Neue Gefühl» auszukosten, und er hatte gespürt, daß sein Talent dabei erst richtig erwachte. Dennoch mußten beide zugeben, daß es wohl doch nur ein Abglanz der Empfindungen sein konnte, zu denen die Menschen fähig waren. So phantastisch die Suggestion, nur «befristet» zu leben, auch gewesen sein mochte, schien es doch illusorisch, sich einzureden, man sei fortan dem Tod ausgeliefert. Es gab keinen Zweifel, daß ein Sterblicher die Trauer über einen Abschied für immer und daher auch die Wirkung von Farben und Tönen, den Wert der Freundschaft noch wesentlich stärker empfand. Schon der Gedanke, daß der eben vergangene Tag sich niemals genau so wiederholen würde, mußte die Kraft aller aufgenommenen Eindrücke steigern.

In jeder Nacht dachte Neun über Elisabeth nach. Er sah sie vor sich, wie sie Formeln auf einen Block schrieb und seinen Namen beim Rechnen noch liebevoller aussprach als den der anderen Zahlen. «Sie liebt uns halt», hatte der Dozent für Geheimwissenschaften daraus geschlossen. «Sie liebt in erster Linie mich», glaubte Neun zu wissen und fragte sich bekümmert: «Aber wie lange wird sie noch die Kraft haben, sich gegen den Widerstand des Vaters mit uns zu beschäftigen?» Gern wollte er sie ermutigen durchzuhalten. Doch dazu mußte er sie wiedersehen, und wie sollte er eine solche Begegnung herbeiführen? Sein erster Ausflug in die Gefilde der

Menschen war so etwas wie ein Wachtraumerlebnis gewesen und ganz ohne sein Zutun zustande gekommen. Die Sache war einfach «passiert», ähnlich wie die Fehlschaltung einer Großrechenanlage. Wie konnte er dergleichen willkürlich wiederholen?

An der Universität erfuhr er, daß das Numerologische Institut geschlossen worden sei. Der Präsident persönlich hatte es angeordnet. Über die Menschen, die «Todgeweihten», durften keinerlei Informationen mehr verbreitet werden. Merkwürdigerweise hatte der Professor nicht protestiert, wenngleich eine solche Zensur in absolutem Gegensatz zu seinen erklärten Bildungszielen stand. Was noch schlimmer war: Der Professor hatte 44 sogar strafversetzt, an eine gewöhnliche Grundschule außerhalb der Stadt.

Neun beschloß, sich davon nicht abschrecken zu lassen.

Das Schulgebäude lag hinter Apfelbäumen versteckt. Neun eilte über einen Rasen, der mit Immergrün und Farn eingefaßt war, und freute sich, als er 44 am Eingang erblickte.

«Warum sind Sie hier gelandet?» fragte Neun ihn frei heraus.

«Weil ich angeblich ein Sicherheitsrisiko darstelle», antwortete 44. «Man befürchtet, daß das Nachdenken über die Menschen auch zum Nachdenken über den eigenen Wert verleiten könnte. Wenn aber jede Zahl ihren Eigenwert überprüft und etwa gar neu festzulegen beabsichtigt, gerät unser ganzes Zahlensystem durcheinander.»

Neun mochte sich nicht eingestehen, daß an dieser Überlegung, objektiv betrachtet, etwas Wahres war. Andererseits: Sollte eine Zahl ihren persönlichen Standpunkt nicht selbst bestimmen dürfen? Darüber hatte er noch nie nachgedacht, daß eine jede Zahl auf ihren einmal eingenommenen Platz gewissermaßen festgenagelt war – daß für alle Ewigkeit auf die Eins die Zwei folgte, danach die Drei und so weiter bis zu der inzwischen im ganzen Land fieberhaft gesuchten allerletzten Zahl... Aber was hat das mit den Menschen zu tun?

«Es ist doch Unsinn zu verbieten, die Menschen zu ergründen», sagte er hinter vorgehaltener Hand. «Wenn wir nie gesicherte Erkenntnis erlangen, bleibt ja alles Gerücht, und Gerüchte sind, meine ich, viel gefährlicher als exaktes Wissen. Können Sie wenigstens hier draußen weiterforschen?»

«Gerade das will man verhindern und schickt mich deshalb jede Woche an einen anderen Ort immer tiefer in die Provinz hinein», erklärte der Dozent.

«Das ist ja schrecklich!» entfuhr es Neun.

44 schüttelte den Kopf. «Halb so schlimm. Schließlich kann man über die Menschen überall neue Erfahrungen sammeln. Wo ich auch hinkomme, werde ich nach ihren Spuren suchen.»

«Das habe ich auch vor», erwiderte Neun, «vor allem möchte ich aber Elisabeth wiedersehen. Können Sie mir einen Rat geben, wie sich das bewerkstelligen ließe?»

«Wenn ich das wüßte, wäre ich nicht mehr hier.»

«Soll das heißen, Sie würden in die Welt der Sterblichen auswandern, falls es möglich wäre? Das fände ich nicht gut. Dann fehlte ja bei uns eine Zahl! Sie würden eine Lücke hinterlassen, die durch keine andere Zahl auszufüllen wäre», versuchte Neun dem Dozenten ins Gewissen zu reden.

44 sah das anders. «Auch jeder Sterbliche hinterläßt bei seinem Tod eine Lücke – und das Leben geht für die übrigen Menschen trotzdem weiter. Es ist, wie ich vermute, alles nur eine Frage der Organisation. Wie es funktioniert, ist mir noch unklar. Aber das ist es ja, was ich ergründen will: Wie schaffen sie es, mit dem Tod fertig zu werden, sozusagen dagegen anzuleben?»

Neun nickte versonnen. Was sein Bestreben betraf, Elisabeth wiederzusehen, war das Ergebnis des langen Fußmarschs und des philosophischen Gesprächs mit 44 recht mager. Es waren nur neue Fragen hinzugekommen, keine neuen Antworten. Ohne zu wissen, warum, kam er sich dennoch ein bißchen klüger vor, als er sich von 44 verabschiedete, um nach Numeropolis zurückzukehren.

Die Republik befand sich im Schwebezustand, da die Seuche des Zweifels weder nachließ noch sich verschlimmerte. Viele der Verunsicherten schluckten die Psychonumerica, die es auf Anweisung des Gesundheitsamtes in allen Apotheken kostenlos und ohne Rezept gab, und fanden halbwegs ihre Fassung wieder.

In der Tageszeitung las man die Anzeigen, mit

denen nach der allerletzten Zahl gesucht wurde. Sie wurde aufgefordert, sich umgehend beim Adjutanten des Präsidenten zu melden. Für den Nachweis des Aufenthaltsortes der Zahl X, wie sie genannt wurde, war eine hohe Belohnung ausgesetzt. Man kann sich denken, daß alle nach ihr Ausschau hielten, aber offensichtlich war X bisher unauffindbar. Man fragte sich, warum.

Dann erkannte ein Mitglied des Generalstabs, daß die tägliche Wiederholung dieser Anzeige demoralisierend wirkte. Es gab schon Tausende von Falschmeldungen. Zum Beispiel rief 1 000 000 001 an und behauptete, «der Größte» zu sein. Er könne es beweisen. Doch meldete sich kurz darauf ein wesentlich größerer Bürger und bezeichnete 1 000 000 001 als einen «lächerlichen Zwerg» und versicherte, daß er Dutzende von Zahlen kenne, die selbst ihn in den Schatten stellten. Dieses Chaos schrie förmlich nach einem Regierungswechsel, was natürlich Wasser auf die Mühle von Professor 1000 war. Der Wahltag stand kurz bevor, und der Professor nutzte die allgemeine Verwirrung, um mit Nachdruck für seine Idee der «intelligenten Gesellschaft» zu werben.

«Unser wahrer Feind ist ein Phantom», behauptete er und versprach, daß dieser Feind durch mehr Bildung besiegt werden würde. Er schlug ein geradezu geniales Bibliothekssystem vor: Nicht nur jedes Buch, jede gedruckte Zeile würde erfaßt werden – sogar Fußnoten würden in den Katalog aufgenommen, so daß jeder kontrollieren konnte, wie oft sein Name irgendwo erwähnt war. Und wer am häufigsten erwähnt wurde in allen Schriften der Republik, der sollte offiziell als die höchste und letzte Zahl gelten. Insgeheim hoffte er wohl, daß er selbst zu dieser Symbolfigur erkoren werden würde. Wenn er von den Menschen sprach, tat er so, als seien sie zwar nicht unbedingt die Ausgeburt der Phantasie allzu romantischer Zahlen, dafür aber allesamt bereits tot. So sei die Leistung eines Newton oder Gauß schon deshalb ohne Bedeutung, weil dieselben verstorben seien, während die Zahlen, mit denen sie sich beschäftigt hatten, noch alle lebten. Die von dem Phantasten Neun aufs Tapet gebrachte Zahlenfreundin Elisabeth bezeichnete er als «die in Kürze Versterbende».

Neun konnte, so oft er das hörte, nur mit den Zähnen knirschen. Es war ja nicht absolut falsch, was der Professor da sagte, es war nur nicht der richtige Blickwinkel, unter dem er die Menschen und ihre Sterblichkeit betrachtete. Daß 1000 ihn in jeder Wahlrede angriff und verspottete, störte Neun viel weniger als die Geringschätzung, die er den Menschen im allgemeinen und Elisabeth im besonderen zuteil werden ließ. Auch daß der Professor im Fall seines Wahlsiegs Neun gebührend bestrafen lassen würde, kümmerte Neun wenig. Denn entweder sind wir unsterblich, dann kann mir nicht allzuviel passieren – im Vergleich zum Tod, der Elisabeth bevorsteht –, oder wir sind sterblich, und dann scheide ich in dem Bewußtsein dahin, diese Wahrheit als erster erkannt und verbreitet zu haben.

Inzwischen setzte General 777* alles auf eine Karte, das heißt, er machte keine andere Wahlanstrengung mehr als die, dem Volk die allerletzte Zahl vorzuführen, und zwar im Rahmen der größten Parade, die Zahlenland jemals erlebt hatte und erleben würde.

Wenn ihm das gelingt, so war die Volksmeinung, ist seine Wiederwahl so gut wie sicher, weil eben nichts so sehr beeindruckt wie eine Rekordzahl und eine Riesenparade. Doch die Chance, daß sich die letzte Zahl rechtzeitig ausfindig machen ließe oder sich gar freiwillig stellen würde, schwand von Stunde zu Stunde.

6 Neun wird auf den Schultern getragen

Die Nation hatte die umfangreichste Suchaktion in ihrer Geschichte unternommen, aber bisher vergebens. Das beunruhigte die Bevölkerung, die große Stücke auf die Fähigkeit des Generals und seiner Bataillone hielt, wenn es um das Auffinden von gesuchten Mitbürgern, etwa verborgenen Primzahlen, im Dschungel der Millionen oder in der Wüste der Milliarden verschollenen Angehörigen der unteren Tausend oder um die Rettung verunglückter Bruchzahlen ging. Warum bereitete es den Truppen so enorme Schwierigkeiten, die allerletzte Zahl zu finden? Bald wurden die reich mit Goldborten geschmückten Uniformen der Offiziere zum Symbol für Mißgeschick und Unfähigkeit. Eine arithmetische Karikatur illustrierte die Stimmung des Zahlenvolks. Der Wahlspruch in der Welt der Zahlen lautete: «Ein Tag ist wie der andere!» Er war als steinerne Inschrift an vielen öffentlichen Gebäuden zu sehen, auf Taxitüren und an Omnibuswänden, vor allem aber in leuchtenden Farben auf riesigen Transparenten. Die Karikatur stellte eine schwankende, durcheinandergeratene Zahlenmenge vor einem solchen Transparent dar; unterschrieben war die Zeichnung mit der Bemerkung: «Ja, leider!»

Natürlich war der Präsident weiterhin zuversichtlich, die meistgesuchte Zahl aller Zahlen aufzuspüren, wo immer sie auch untergetaucht sein mochte, weil sie sich schämte, ganz am Ende zu stehen, so ungeheuer weit von der Basis, der Eins, entfernt. Vielleicht ist die von allen verfolgte Zahl auch vor Angst gestorben, dachten manche. Und nun ist die vorletzte an der Reihe. Von hinten her käme so der Tod ins ewige Leben der Zahlen und würde hinterrücks eine nach der anderen hinwegraffen.

Immer mehr Zahlen forderten handfestere Beweise für ihre Unsterblichkeit als jenen Sprung von einem Steilhang, für den man 474 als Nationalhelden feierte. Der Präsident machte es sich jedoch zu leicht, als er einfach nach einem Freiwilligen mit hoher Nummer suchen ließ, der von einer noch höheren Klippe herunterspringen würde. Er freute sich, als 119744, ein Berufssoldat, sich anbot. Da er so viel größer war als sein Vorgänger 474, hoffte man, daß das Überleben eines solchen kühnen Sprunges der Moral der Gesellschaft wieder Auftrieb geben würde. Es war bewundernswert, wie 119744 energischen Schrittes auf den Rand des Abgrunds zuschritt und sprang, wobei er sogar noch einen Salto vollführte. Die Zuschauer waren entsetzt, als er auf die Felsen unterhalb der Klippe aufschlug. Doch er stand sofort wieder auf und bürstete sich ostentativ den Staub von der Uniform. Viele Reporter waren anwesend und versuchten dann, den «Todessprung» in ihren Blättern aufzubauschen. Obwohl die Zeitungen am nächsten Tag allesamt schnell ausverkauft waren, zeigte das Experiment wenig Wirkung. Für die Mehrheit der Millionen- und Milliardenzahlen, die weit entfernt lebte, war es der federleichte Fall eines Winzlings – wenn nicht überhaupt ein fauler Trick. Sie trauten dem um seine Wiederwahl bangenden 777* beinahe alles zu, nur nicht, daß er die Endzahl auftreiben und damit ihre Vollzähligkeit beweisen könnte.

Neun hatte bis dahin ein Merkbuch über die Menschen geführt: Wann und wo sie erwähnt wurden und was sie taten, trug er dort ein. Er saß auf seinem Sinuskurven-Sofa, überflog, was er herausgefunden hatte, und erkannte, daß es nicht viel war. Noch füllten alle Erkenntnisse zusammen nicht einmal zehn Seiten. Er fragte sich, welches wohl das Bindeglied zwischen den Zahlen und den Menschen sein mochte. Es hatte den Anschein, als umspielten die Menschen die Zahlen wie Delphine ein Schiff. Ab und zu streckten sie munter ihre Nase aus dem Wasser, gaben einen freundlichen Laut von sich, um dann zu verschwinden und an anderer Stelle aus der rollenden See unerwartet wieder aufzutauchen. Es fiel schwer, sich die ewige Reise über den Ozean der Zeit vorzustellen ohne das tröstliche Geleit der Menschen.

Ein heftiges Klopfen an der Tür schreckte Neun auf. Es war 45 454, der kauzige Historiker, in seiner Toga. Er trug dieses unauffällige Gewand, um damit anzudeuten, daß Mode zeitlos ist: ein Folgesatz seiner Theorie, daß sich Geschichte ständig wiederholt. In seiner überschwenglichen Art packte er Neun bei der Schulter: «Kommen Sie, kommen Sie mit!»

Eilig zog dieser eine Jacke über und folgte ihm. Es dämmerte. Als sie um eine Ecke bogen, sahen sie in der Ferne so etwas wie die Schatten zweier riesiger Pappeln, die sich allerdings fortbewegten. Es waren die Umrisse von Riesen, die viel zu groß für die Stadt waren. Bei näherem Hinsehen erkannte Neun, daß sie ganze Stapel von Bänken trugen, und zwar zum Stadion von Numeropolis. Vorsichtig stapften sie über die Mauern hinweg, die die Arena umgaben, und stellten die Bänke auf der Rasenfläche in der Mitte des Ovals ab. Eine Schar kleinerer Arbeiter verteilte die Bänke auf die Tribünen.

«Da findet eine Massenversammlung statt, auf der gegen die Saumseligkeit der Regierung und der Armee protestiert werden soll», sagte 45 454 aufgeregt.

Aus allen Straßen näherten sich Demonstrationszüge. Im flackernden Licht von Fackeln waren Banner mit Aufschriften wie «Wir verlangen eine Lebensversicherung!» und «Das ewige Leben ist unverzichtbar!», und schon weit vor dem Stadion bildeten sich an allen Straßenkreuzungen Diskussionsgruppen.

Neun blieb stehen und hörte eine Weile zu. «Seid doch vernünftig!» appellierte eine untersetzte kleine Zahl, die quirlige Sechs, an die ungeordneten Zahlenhaufen. «Unsere Unsterblichkeit ist eben dadurch gesichert, daß nach oben alles offen ist. Es gibt keine letzte Zahl, man wird sie vergeblich suchen. Wir sind unbegrenzt, unendlich, nicht totzukriegen. Glaubt mir's. Ich habe Astronomie und Kosmologie studiert. Ihr könnt getrost nach Hause gehen!»

«Hau ab, du bist ein Agent der Regierung!» war die wütende Antwort. «Wir glauben nur, was wir sehen, und wir möchten die letzte Zahl sehen, hier und heute im Stadion.»

«Wir möchten auch endlich wissen, ob es wirklich Menschen gibt oder nicht, und wenn ja, welche Rolle sie für uns spielen!» rief ein anderer und wurde unterstützt durch einen Dritten:

«Stellen sie wirklich eine Bedrohung für uns dar, oder hat der General nur Angst, daß wir, wenn wir sie kennengelernt haben, einen Menschen zum Präsidenten wählen könnten?»

Neun schwirrte der Kopf. Wenn sie mich nur nicht erkennen, dachte er, sonst muß ich ihnen Rede und Antwort stehen, denn schließlich war ich es, der sie auf all diese revolutionären Gedanken gebracht hat. Und er hielt sich beide Hände vors Gesicht, als müsse er ständig niesen.

Sein Freund Sieben erkannte ihn trotzdem. «Hallo!» rief er zu ihm herüber. «Bist du nicht stolz, wenn du siehst, was du mit dem Bericht über deinen Besuch bei einem Menschen bewirkt hast?»

«Sei still!» zischte Neun. «Ich habe das Problem ‹Mensch› rein wissenschaftlich untersucht. Meine Expedition hatte nur den einen Zweck, für mich persönlich neue Erkenntnisse zu gewinnen, ich wollte doch nicht das Volk aufwiegeln.»

Sieben wollte diese Entschuldigung nicht gelten lassen. «Du hast immerhin als erster hinausposaunt, daß die Sterblichkeit auch unser Leben beeinflussen und uns eventuell sogar den Tod bringen könnte – oder habe ich dich, haben dich alle mißverstanden?»

«Soll das ein Vorwurf sein?» fragte Neun unsicher.

«Ganz im Gegenteil! Mit deiner Idee im Kopf bin ich so kreativ wie nie zuvor. Etwas Wunderbares, Undefinierbares treibt mich an. Ich hoffe, das Werk, an dem ich seither arbeite, wird dieses Wunderbare auch den anderen Zahlen vermitteln.»

Neun wußte, wovon Sieben sprach. Seit er mit Elisabeth gesprochen hatte, beherrschte ihn der gleiche Drang, eine Botschaft zu verkünden. Er wollte Sieben noch etwas sagen, doch da hatten die Massen sie schon wieder voneinander getrennt.

Neun hörte seinen Namen rufen. Er wandte sich um und erblickte eine Zahl, die auf ihn deutete.

«Das ist ja Neun, derjenige, der uns wachgerüttelt hat.» Man hatte ihn also erkannt.

«Wo denn, wo denn?» fragten viele andere aufgeregt.

Eine Stimme stellte nüchtern fest: «Der ist also der Verantwortliche für diesen Aufruhr!» Es war vermutlich Sechs, aber Neun sah vor lauter großen Zahlen aus dem Volk um sich herum keine kleinere Zahl mehr, zumal keine Einer.

«Er ist ein Held, er soll unseren Zug anführen!» entschieden die stürmischen Hunderttausender, die ihn begeistert umringt hatten, und ehe er sich's versah, wurde er auf Riesenschultern gehoben, damit alle ihn sehen konnten. Tief unter sich hörte er Stimmen skandieren: «Neun soll uns betreu'n! Neun ist unser Kandidat! Neun, der nächste Präsident!»

Aus seiner luftigen Höhe erblickte Neun Plakate, die auf eine Extremistengruppe schließen ließen. Auf einem hieß es: «Ewig zu leben macht unglücklich. Nur der Tod macht lebendig!» Eine gefährliche, provokante Devise. Die Seuche des Zweifels schien viel weiter um sich gegriffen zu haben, als Neun angenommen hatte. Bisher hatte diese revolutionäre Bewegung kein eigentliches Ziel gehabt. Lediglich ihre Unzufriedenheit mit dem Einerlei des ewigen Alltags einte sie und der nebulöse Wunsch einer Veränderung. Jetzt erschien es Neun, als hätten sie schon ein halbwegs klares Programm.

Der Kern der Gruppe bestand aus überzeugten Aktivisten – Radikalen, die ihre Racheschwüre mit der himmelschreienden Ungerechtigkeit ihrer sozialen Stellung begründeten. Sie waren Schikanen ausgesetzt, weil sie ungerade waren oder sich kaum vernünftig dividieren ließen, immer nur Brüche hervorriefen. Dieser harte Kern war schnell zu einem gefährlichen treibenden Element in der Sterblichkeits-Bewegung geworden. Sie beeinflußten die Meinung der passiven Mitläufer und bearbeiteten die Skeptiker, die zum Mitmachen erst überredet werden mußten.

Inzwischen war das Gedränge und der Lärm unerträglich geworden. Neun fühlte sich wohler, als man ihn endlich wieder herunterließ und er sich unbemerkt in der Menge verkrümeln konnte, ehe sie ihm abverlangten, im Stadion eine Rede zu halten.

In den folgenden Tagen schien die Vorstellung, der Größte und Letzte könnte irgendwo tot in einer fernen Wüstenei liegen, nur noch durch sein lebendiges Auffinden widerlegbar. Daß der Tod als eine «rechnerische Möglichkeit» – wie man es allgemein bezeichnete – zu betrachten sei, war nun eine über die ganze Zahlenrepublik verbreitete Annahme. Und die Sorge wuchs unaufhaltsam.

Wie vor einem Krieg, dachte Neun. Er hatte zwar noch keinen erlebt, aber alle Legenden gesammelt, die es über die Menschenkriege gab, und das waren furchtbar viele.

7 Reise in ein weit entferntes Land

Aufgeregt stieg Neun die Treppen zum Statistischen Amt empor, in dessen Büchern angeblich der Standort einer jeden Zahl vermerkt war. Die weiße Marmorfassade des Kuppelbaus wurde noch unterstrichen durch die tiefschwarzen, gußeisernen Kandelaber davor. Die Bürger waren natürlich stolz auf dieses Gebäude, einem Symbol für Ordnung und Sauberkeit im Lande. Auf Zehenspitzen näherte sich Neun dem Archivsaal, hinter dessen Tür 86 saß, der Oberbibliothekar. «Pssst!» gab er dem Eintretenden zu verstehen, als ob Neun bereits zuviel Lärm gemacht hätte. Neun trug auf einem Formular ein, daß er 44 suche, den ehemaligen Dozenten am Numerologischen Institut.

Der Bibliothekar verschwand in einem anderen Raum und kam mit einem Buch zurück, das erst an diesem Tag gedruckt worden war und der Reihenfolge nach die niedrigeren Zahlen aufführte. Neben jeder Zahl stand ihr Aufenthaltsort an diesem Tag in der Republik. Rechts von der Zahl 44 war seine jetzige Tätigkeit vermerkt: Lehrer. Und noch weiter rechts stand seine derzeitige Anschrift: Sandhaus, Trillionenstadt.

Nachdem er sich dies notiert hatte, gab Neun das Buch mit Dank zurück. Wieder machte der Oberbibliothekar «Pssst!», als lebe er mit der fixen Idee, daß jeder Besucher entsetzlichen Lärm verursache.

Bei der Planung seiner Reise zu 44 erkannte Neun, daß es eine lange und teure Reise werden würde. Aber ihn zu treffen und vielleicht Neues über die Menschen zu erfahren, schien den Aufwand zu rechtfertigen.

Früh am nächsten Morgen saß Neun in einem Omnibus, der an der Zahlenlotto-Zentrale von Numeropolis vorbei eine stählerne Spirale emporfuhr, um schließlich auf einer riesigen Plattform zu halten, die bereits mit vielen anderen Zahlen-Reisenden aus der Hauptstadt, die meisten in Nadelstreifenanzügen und mit Aktentasche, angefüllt war. Hier stieg Neun aus. Bald schloß sich eine Sicherheits-Glaskuppel über ihnen; sie sollte verhindern, daß während des Schwebens ein Bürger von dem Brett, «Tragfläche» genannt, rutschte, nämlich dann, wenn der Riese, der das Vehikel trug, es versehentlich einmal schräg hielt.

Als der Riese kam, begrüßte man ihn mit Beifall. Das Abheben war nicht begleitet von Motorenlärm, sondern von einem Grunzlaut. Neun spähte durch Ritzen im Boden der Tragfläche, um den Abflug zu beobachten. Noch nie hatte er sich so weit von Numeropolis entfernt. Staunend betrachtete er die Miniatur-Landschaft unter sich. Wie klein war die

Zahlenwelt aus der Perspektive eines Riesen, einer Vielmillionenzahl, betrachtet!

Es war ein Linientransport. Der Träger stellte sein «Tablett» zwischendurch einmal an einer Zahlstelle ab, nahm es dann wieder auf und ging weiter. Nach einiger Zeit stieg er selbst auf ein viel größeres Tragbrett um, auf dem er sich mit seiner Last niederließ. Für diesen noch viel größeren Träger, eine hohe Milliardenzahl, war nun selbst er nicht viel mehr als ein Zwerg. Die Passagiere lasen in ihren Zeitungen, ohne auf den nächsten Wechsel zu einem entsprechend größeren Riesen besonders zu achten. Indem immer größere Zahlen die Beförderung übernahmen, konnten die privilegierten unteren Tausend bequem enorm weite Strecken zurücklegen.

Endlich begann der Abstieg. Als Neun wieder Land sah, glaubte er, es sei nur noch ein Träger unter ihm, tatsächlich waren es aber drei. Alles war unbeschreiblich fern und so weitläufig, wie es die am Rande der Zahlenrepublik wohnenden Fünfzehn- bis Sechzehnsteller nun mal brauchten. Für Neuns Verhältnisse war alles hoffnungslos überdimensioniert. Die Stadt zu seinen Füßen reichte an allen Seiten bis zum Horizont; ein Gebäude war fast so groß wie ganz Numeropolis. Und das Flugfeld, das er nach der Landung zu überqueren hatte, schien ein Kontinent für sich zu sein. Der Wind pfiff so arg darüber hin, daß er sich oft mit beiden Armen an einer Wurzel oder einem Grashalm festhalten mußte, um nicht davongeweht zu werden. Jeder

Feldstein war größer als er selbst, jedes Blatt, das ihm der Wind entgegenblies, hüllte ihn für einen Augenblick von Kopf bis Fuß ein und versperrte ihm die Sicht zum nächsten Maulwurfshaufen.

Gegen Ende des Tages erblickte er nach langem Marsch ein Gebäude, das ungefähr seiner Größe angemessen war, und sogleich fühlte er sich ein wenig heimischer, obwohl ihn der Umstand, daß es nicht in diese Gegend paßte und von den Riesenzahlen leicht zertreten werden konnte, wiederum irritierte. Doch stand neben dem Haus zur Warnung eine lange Stange mit einem Wimpel dran. Solche sogenannten Asymptoten wurden aufgestellt, um kleinen Zahlen Orientierungshilfe zu bieten und andererseits die Riesen auf winzige Gebäude aufmerksam zu machen, deren unachtsames Zertrampeln streng bestraft wurde.

44 saß in seinem Arbeitszimmer über ein Mikroskop gebeugt. Er schien nicht überrascht, Neun zu sehen, obwohl dieser doch eine ungeheure Entfernung zurückgelegt hatte. Ruhig fuhr der Dozent fort, irgendein Objekt vor der Linse des Geräts zu beobachten und dann Zahlen zu notieren. Erst nach einer Weile wandte er sich mit nicht gerade sehr erfreutem Blick um und fragte Neun: «Nun, was führt Sie zu mir?»

«Das können Sie sich gewiß denken», sagte Neun. «Ich muß unbedingt mit Ihnen reden. Haben Sie wieder etwas Neues über die Menschen herausbekommen?»

«Wieso sollte ich?» antwortete 44 gelangweilt, als habe man ihm eine gänzlich überflüssige Frage gestellt. «Was man weiß, reicht vollkommen aus.» Er gähnte. «Ich kann mir vorstellen, was Ihnen im Kopf rumgeht. Hatte auch mal solche Traumvisionen wie Sie. Die Beschäftigung mit den Menschen scheint geradezu zwangsläufig dahin zu führen.»

«Was ist denn mit Ihnen los?» Neun konnte es nicht glauben, daß nun auch 44 der Ansicht war, er habe alles nur geträumt und die Menschheit sei es nicht wert, daß man sie gründlich erforsche.

«Hören Sie auf, sich und andere verrückt zu machen. Vergessen Sie das Ganze. Wenn Sie unbedingt Geheimnisse ergründen müssen, widmen Sie sich der Zahlenmystik. Auf diesem Gebiet gibt es noch eine Menge Rätsel zu lösen. Es wäre eine sehr viel nützlichere Tätigkeit», empfahl 44 so schroff, daß es wie eine offizielle Verwarnung klang.

Armer 44, wie hat die Verbannung dich verwandelt! Neun wagte einen letzten Versuch, den Dozenten aus seiner Resignation zu reißen. «Wenn die Menschen – was Sie selbst neulich noch für erwiesen hielten – sich mit Zahlen abgeben, warum sollen wir uns dann nicht mit den Menschen beschäftigen? Das ist doch nur logisch – oder?»

44 setzte ein arrogantes Lächeln auf. «Logisch ist, daß die Sterblichkeit der Menschen und die Unsterblichkeit der Zahlen mathematisch einander aufheben. Das Problem löst sich auf wie plus minus null.»

Neun wußte nicht, was er darauf antworten

sollte. Sein Blick fiel auf die Titelseite der Schrift, die 44 gerade fotokopierte. Er las: «Analyse einer aerodynamischen Sandverschiebung».

44 ließ sich herab, Neun mit seinem neuen Forschungsgebiet vertraut zu machen. «Wußten Sie, daß neulich, während eines Sturms in der Sahara, 709 796 543 001 Sandkörner verweht wurden? Das ist eine Tatsache. Ich habe die Körner elektronisch gezählt und bestimme jetzt mit dem Mikroskop ihre unterschiedlichen Größen.»

«Interessant», sagte Neun. «Und was besagt das Ergebnis?»

«In erster Linie besagt es, daß wir unabhängig von den Menschen zu den gleichen Resultaten gelangen können. Dr. Jonas Fleischer von irgendeinem Geologischen Institut der Menschen hat mit seinem Sandometer genau die gleiche Zahl errechnet. Also stehen wir in nichts hinter den Menschen zurück. Wir können sie gewissermaßen nachahmen, ersetzen und überflüssig machen.»

Neun mußte nun doch laut auflachen. «Da haben Sie es! Man kommt von den Menschen nicht los. Wo es Zahlen gibt, da gibt es auch Menschen – und umgekehrt. Aber was Ihre Folgerung betrifft, daß man die Sterblichen ersetzen oder gar auf sie verzichten könnte ... da wäre ich vorsichtig. Ich meine, es sieht eher so aus, als lebten wir, von der Natur dazu bestimmt, in einer Art Symbiose zusammen, unverbrüchlich aufeinander angewiesen, ob wir oder die Menschen es nun zugeben oder nicht. Was halten Sie von dieser Theorie?»

Zumindest Neun selbst war von seiner spontan entwickelten Hypothese so hingerissen, daß ihn das gleichgültige Achselzucken des Dozenten kaum störte. Im Gegenteil, als 44 sich nun erhob, um anzudeuten, daß er die Unterhaltung als beendet betrachtete, erkannte Neun, daß er nicht den agilen, auf neue Erkenntnisse versessenen Dozenten aus Numeropolis vor sich hatte, sondern einen müden Veteran, dem Enttäuschung das Rückgrat gebrochen hatte und der nur noch Sandkörner zählen wollte. Dieser Zustand ist schlimmer, als tot zu sein, sagte sich Neun und war in Gedanken schon wieder bei den Menschen. Er wünschte 44 viel Glück für seine Forschungen und drückte, nur so aus Höflichkeit, die Hoffnung aus, daß man sich eines Tages in der Hauptstadt wiedersehen werde.

«Ich fürchte, daraus wird nichts», entgegnete 44 mit traurigem Lächeln. «Morgen muß ich schon wieder weiter. Der nächste Verbannungsort ist so fern, daß die Reise über siebenundzwanzig Träger gehen wird. Mit den Zahlen, die dort leben, hat man rein gar nichts gemeinsam. Oder können Sie sich beispielsweise unter hundertausend Millionen Trillionen etwas vorstellen? Da fühlt man sich als 44 so einsam wie . . . wie . . .»

«. . . wie ein Mensch unter Marsbewohnern vielleicht», ergänzte Neun.

44 nickte beklommen. Dann faßte er scheinbar wieder Mut und sagte, indem er Neun die schlaffe Hand reichte: «Man muß sich eben im-

mer wieder vor Augen halten: Eine Zahl ist eine Zahl ist eine Zahl . . .»

Das kleine Haus verschwand für Neun hinter dem nächsten Grasbüschel schnell in der Riesenlandschaft, und er fragte sich, ob sich die Reise gelohnt hatte oder nicht. Vielleicht wäre ihm die schöne und möglicherweise beweisbare Theorie von der Schicksalsgemeinschaft zwischen Zahlen und Menschen niemals eingefallen, wenn 44 ihn nicht durch seine widersprüchliche Haltung zu diesem Gedankenflug herausgefordert hätte. Für Augenblicke fühlte sich Neun mehr denn je im Recht mit seinen Behauptungen, was die Menschen betraf; dann wieder war er sich nicht mehr sicher, ob er sich den Ausflug zu Elisabeth nicht doch nur eingebildet hatte.

Auf seiner Rückfahrt regnete es in Strömen. Ein Träger stolperte über den Felsen, von dem 119744 als Beweis für die Unsterblichkeit der Zahlen seinen heroischen Sprung gewagt hatte, und manche Mitreisende schrien so hysterisch auf, als bestünde die Möglichkeit, zu Tode zu kommen – ausgerechnet am Felsen der Unsterblichkeit!

Schließlich setzte der letzte Träger das Tragbrett am Rande von Numeropolis ab, wo Neun zusammen mit den anderen Passagieren skandalös lange auf den Bus ins Zentrum warten mußte. Dergleichen kann unter Menschen zweifellos nicht vorkommen, dachte er nervös und übermüdet. Denn wenn ein Bus so lange auf sich warten ließe, fände er schließlich bei der nächsten Haltestelle nur noch Tote vor – vorausgesetzt es stimmt, daß die Menschen so kurzlebig sind, wie man sagt.

Neun war froh, wieder an seinem Kamin sitzen zu können. Es war eine lange Reise gewesen. In dieser Nacht träumte er von dem jungen Karl Gauß, dem genialen Gärtnerssohn. Er sah beinahe so wie Elisabeth aus, was den Träumer nach dem Erwachen nicht verwunderte, denn er hatte außer dem Mädchen nie einen Menschen gesehen. Vielleicht, sagte er sich, ist es aber auch so, daß Menschen nicht so verschiedenartig aussehen und so unterschiedlich in ihrem Wert sind wie Zahlen.

8 Der Professor übernimmt die Macht

Am Vorabend des Wahltages hatte Professor 1000 einen wirklich starken Auftritt. Er trug auf den Rat seines Managers eine zeitlos schöne Krawatte, die seine Überzeugung von der Unsterblichkeit symbolisieren sollte, und sein Rednerpult stand vor einer Wand aus wohlgefüllten Bücherregalen. Darüber prangte als Kopfleiste der unschlagbare Wahlspruch: «Unsterblichkeit durch Bildung!»

Der Professor versicherte den Zuhörern im überfüllten Saal und an den Bildschirmen im ganzen Land einmal mehr, daß Bildung allein der Schlüssel zur Lösung aller Probleme sei. Die «Schwächung des Glaubens an die Unsterblichkeit» bezeichnete er als eine unvermeidliche Folge des allgemeinen Unwissens, der mit Stumpf und Stiel ausgerottet werden müsse. Unter seiner Regierung, versprach 1000, würde der Bildungsetat um das Zehnfache angehoben werden. Die Bibliotheken würden rund um die Uhr geöffnet sein, Fachgelehrte würden allabendlich Vorträge für jedermann halten. Alle fünf Jahre werde sich die Anzahl der Professoren in der Republik verdoppeln. Fakten und Beweise statt

Spekulationen und Vermutungen oder, anders gesagt, Zahlen statt Menschen müsse die Devise aller intelligenten Nummern lauten. Keine erwiesene Tatsache dürfe von irgend jemandem verschwiegen werden. Sogar die von vielen für sakrosankt gehaltene Zahlenmystik solle restlos offengelegt werden.

Nach dieser zündenden Ansprache zuckten unaufhörlich Blitzlichter auf, die Reporter umringten den Professor, und er blieb auf keine ihrer Fragen eine Antwort schuldig.

«Wie steht es mit der letzten Zahl? Ist sie eine Fiktion, oder werden Sie sie herbeischaffen können?»

«Selbstverständlich wird sie unter meiner Regierung ermittelt werden. Die Suche wurde bisher lächerlich amateurhaft betrieben. Polizei und Militär werden sie zweifellos niemals finden, aber die besten Mathematiker unseres Landes können sie ohne weiteres errechnen. Überhaupt läßt sich alles errechnen», dozierte 1000 mit sorgfältig einstudierten Gesten und zuversichtlicher Mimik.

«Ließe sich demnach auch die Dauer der Unsterblichkeit errechnen?» wollte ein Schlauberger wissen.

1000 verzog indigniert das Gesicht. «Ich werde nicht zulassen, daß die Steuergelder des Volkes für unsinnige Unternehmungen verpulvert werden. Genauso könnten Sie fragen, ob ich das Einmaleins zu revidieren gedächte.»

Alles lachte.

Nach Neun und seiner Menschheits-Hypothese befragt, antwortete der Professor mitleidig: «Wir müssen die Einer, diese Gründerväter unserer Zivilisation, nehmen, wie sie sind: Sie fühlen sich beiseite gedrängt durch alle diejenigen, die nach ihnen gekommen sind, versuchen bald auf rührende, bald auf lästige Weise noch einmal auf sich aufmerksam zu machen, zum Beispiel mit bizarren Erfindungen oder obskuren, angeblich neuen Denkansätzen. Sie meinen, daß Sterblichkeit und Unsterblichkeit, Zahlen und Menschen eine Art Koalition eingehen könnten. Na schön – aber wozu? Wem von uns nutzt der Mensch oder die Sterblichkeit?» fragte der Professor in die Runde, und ein vielstimmiger Chor erwiderte spontan: «Niemand! Niemand!»

Nur auf eine Frage gab er den Versammelten keine Antwort, die sie befriedigte. Er wurde gefragt: «Werden Sie den ganzen geometrischen Ballast von Linien und Winkeln abschaffen und die Mathematik wieder auf die Zahlen konzentrieren?»

«Nein, das werde ich natürlich nicht tun», entgegnete der Professor mit Nachdruck. «Ohne solche Konstruktionen, wie die Geometrie sie ermöglicht, würden unsere Gebäude, unsere Städte, unsere Republik über kurz oder lang zusammenstürzen und damit unser ganzes Weltbild. Wir können auf solche Hilfsmittel leider nicht verzichten, ohne unsere Existenz zu gefährden. Und ihr wollt doch nicht einen Hasardeur zum Präsidenten?»

«Nein!» riefen alle im Chor.

Der Professor winkte noch einmal in die Kamera, dann war die Übertragung zu Ende.

General 777* schaltete den Fernsehapparat in dem Bewußtsein ab, daß die Wahl praktisch schon entschieden war. Er wußte nur noch nicht, zu wessen Gunsten. Er war sich nicht sicher, ob das Volk die totale Bildung oder die totale Ordnung bevorzugen würde. Ihm selbst erschien die totale Bildung wesentlich anstrengender und auch schwerer zu ertragen, aber er war eben General und nicht Professor. Wenn er aber verlieren sollte, so lag es gewiß nicht an seiner Person, sondern an Neun, dem verdammten Unruhestifter, der seinen Mitbürgern mit seiner Faselei vom Menschen und von Sterblichkeit einen viel gewaltigeren Floh ins Ohr gesetzt hatte, als man zunächst angenommen hatte. Und diese blödsinnige Idee, die höchste und letzte Zahl zu suchen, um irgendeinen Beweis oder Gegenbeweis anzutreten – er wußte nicht einmal mehr, um was es da letztendlich gehen sollte –, diese über alle Maßen absurde Idee, wer hatte sie eigentlich aufs Tapet gebracht? Er tippte auf seinen Adjutanten, den unfähigen 793, und beschloß, ihn zu feuern.

Am nächsten Tag strömten so viele Bürger zu den Wahllokalen wie nie zuvor, und das bedeutete, daß der Professor gewonnen hatte. Denn das Prinzip besagte ja, wer zu Hause blieb, stimmte für den bisherigen Präsidenten.

General 777* behauptete, allein das wunderschöne Wetter sei an seiner Niederlage schuld. Es hätte das Volk nicht in ihren vier Wänden gehalten. Bei Regen hätte zweifellos er die Mehrheit errungen. Im übrigen höre er die Leute schon unter der Knute der Bildung stöhnen und fluchen.

Im Hauptquartier seiner Partei bedankte sich der Professor bei allen, die ihm zum Sieg verholfen hatten. «Die Anhänger von Neun haben natürlich gegen mich gestimmt, aber die sind ja ohnehin gegen alles, was zählt. Die hätten, wenn's ginge, ihr Menschenidol Elisabeth an die Spitze des Zahlenreichs gestellt.»

Alle applaudierten dem Gewinner, nur die Reporter nicht. Sie schrieben jedes Wort mit, das er sagte; denn von nun an war es ja ein Machtwort, also etwas mehr wert als ein Wahlversprechen. Nun erwartete man von ihm, daß er die nationale Sicherheit wiederherstellte, die Neuner-Clique mundtot machte, die höchste Zahl zutage förderte, das letzte Geheimnis um die Menschen lüftete – und, was die totale Bildung betraf, bei den Minderbegabten Gnade vor Recht ergehen ließ.

Zur Verwunderung aller nahm der Professor den General in sein Kabinett auf. Nur mit Gebildeten ist nun mal kein Staat zu machen, lautete die Begründung. Der General war der einzige Minister ohne Doktorwürde. 1000 schlug ihm allen Ernstes vor, das Versäumte nachzuholen. Zum Promovieren sei es nie zu spät. Eine Zumutung, die 777* entsetzlich ärgerte. Er hatte mit der Ehrendoktorwürde *militaris causa* gerechnet. Doch die Kabinettskollegen erhoben Einspruch. Genauer gesagt, sie beanspruchten zum Ausgleich einen Generalsstern für sich. Der neue Präsident blieb hart. «Von jetzt an zählt nur die persönliche Leistung und der Bildungsnachweis im öffentlichen Examen!»

Mitten in die erste Kabinettssitzung platzte die beunruhigende Nachricht, daß Neun verschwunden sei. Er war weder an seinem Arbeitsplatz erschienen noch in seiner Wohnung anzutreffen. Also mußte man vermuten, daß er sich abermals außer Landes begeben hatte, um einen Sterblichen aufzusuchen.

Weil seit dem Amtsantritt des Professors nichts mehr geheimgehalten wurde, wußte im Nu ganz Numeropolis, bald darauf die gesamte Zahlenrepublik davon, und sogleich breitete sich die durch den Wahlsieg von 1000 vorübergehend besänftigte Panikstimmung wieder aus.

Der General äußerte schadenfroh: «Sie hätten als erstes alle Auslandsreisen verbieten sollen, Professor, statt den Bau von tausend neuen Schulen und Bibliotheken anzuordnen.»

«Denken Sie mal logisch», konterte 1000. «Wir können doch nicht ein Gesetz verabschieden, demzufolge ein Ausland nicht existiert, und gleichzeitig Reisen dorthin verbieten.»

Darauf sagte der Oberstatistiker ratlos: «Genausowenig können wir einerseits jede Propaganda für die Sterblichkeit unter Strafe stellen und uns andererseits der Neun entledigen, indem wir ihn zur toten Zahl erklären.»

Da blieb den Ministern nichts anderes übrig, als bedauernd zu nicken. Schließlich waren sie – mit Ausnahme des Generals – allesamt hochdekorierte Logiker.

Und wie stets, wenn eine Versammlung ratlos ist, wurde die Sitzung vertagt.

Früh an diesem Morgen war Neun unruhig in seinem Zimmer auf und ab gegangen und hatte, unfähig zur normalen Tagesarbeit, darüber nachgedacht, ob es einen Weg gäbe, die Verbindung zu Elisabeth wiederaufzunehmen, sie zu besuchen und sie – das war die Quintessenz seiner Überlegungen – aus der Menschenwelt in die Zahlenwelt hinüberzuholen. Er hatte noch keine Ahnung, wie das zu schaffen wäre, doch die Vorstellung, dem Mädchen, das in seiner Menschenumgebung offenbar nur geringe Chancen hatte, sich zu einer genialen Mathematikerin zu entwickeln, hier in der Zahlenrepublik alle Möglichkeiten der totalen Bildung zu erschließen, begeisterte ihn so sehr, daß er jetzt sogar die von ihm sonst spöttisch wiederholten Devisen des Professors akzeptierte, zumal diese: «Unsterblichkeit durch Bildung!»

«Wenn ich zu spät käme, wenn sie ihre Studien unter dem Druck der Verhältnisse schon abgebrochen hätte oder gar schon gestorben wäre», schrieb Neun in sein Tagebuch, «das wäre ein zweifaches Unglück: Die Menschheit hätte vorzeitig ein Genie verloren und ich – die ganze Zahlenwelt – die einzige Verbindung zu den Menschen.»

Daß die Mehrheit der Zahlen erleichtert wäre, wenn der «Menschenspuk» sich verflüchtigt hätte und endlich der Alltag der Ewigkeit wieder regierte, hatte für Neun keine Bedeutung. Für ihn zählte nur

Elisabeth, und er wollte nichts unversucht lassen, sie zu retten.

Und dann geschah es plötzlich wieder. Mitten im Aufundabschreiten durchs Zimmer öffnete sich die bewußte Wand, er vernahm aus weiter Ferne eine seltsame Musik und sah sich in die Luft, über das Dach seines Hauses schweben, ohne selbst etwas anderes zu tun, als diese «Entführung» einfach geschehen zu lassen.

Numeropolis lag bald so winzig klein unter ihm, als betrachte er es vom falschen Ende durch ein Teleskop. Dafür erhoben sich auf der anderen Seite immer höhere Berge, in strahlendes Sonnenlicht getaucht. Es war das zu Fuß unübersteigbare Gebirge, das die Zahlenrepublik vom Menschenreich trennte, ein Niemandsland voller unlösbarer Probleme, schien es ihm. Daß der Himmel über ihm immer noch der gleiche war, beruhigte ihn. Wenigstens den, sagte er sich, haben wir gemeinsam. Und nun erkannte er eine bunte Fläche mit hohen Röhren darin, aus denen Rauch aufstieg und allerlei geometrische Figuren emporragten, um die winzige Lebewesen herumkrabbelten, kleiner noch als eine Eins, doch wuchsen sie zu voller Menschengröße, je näher Neun herankam. Mitten unter ihnen und dennoch von ihnen getrennt, nämlich allein in ihrem Zimmer, erblickte er Elisabeth. Genau wie bei seinem ersten Besuch saß sie über Rechenaufgaben gebeugt und begrüßte ihn wie einen alten Freund.

Im Grunde sagte sie nur «plus neun, plus neun . . .» vor sich hin, doch er nahm es als eine herzliche Begrüßung. Er las in ihren Augen, daß sie glücklich war, und erfuhr auch, warum. In der U-Bahn hatte ein Mathematikprofessor sie angesprochen, nachdem er ihr eine Weile bei der Lösung einer sehr schwierigen Gleichung zugeschaut hatte. Seitdem hatten sie sich öfter getroffen, gemeinsam noch schwierigere Aufgaben ausgetüftelt und miteinander gelöst.

Während Neun seine Freundin so betrachtete, fiel ihm etwas Merkwürdiges auf, das er nicht sofort begriff: Das Kinderbett war aus Elisabeths Zimmer verschwunden, und sie machte, als sie im Zimmer herumging, viel größere Schritte als bei seinem ersten Besuch. Sie lächelte auch anders, trug die Haare nicht mehr in Zöpfen, und sie gehorchte nicht mehr sogleich dem Ruf ihres Vaters. Was für eine Verwandlung in so wenigen Tagen, wunderte sich Neun. Wie schön sie geworden ist! Doch dann überkam ihn ein furchtbar trauriger Gedanke. Wenn Elisabeth in so kurzer Zeit so sehr ihre Gestalt verändert hat, dann hat sie gewiß schon einen weiten Weg zu ihrem Ende zurückgelegt. Wer weiß, ob ich sie beim nächsten Mal überhaupt noch unter den Lebenden finde. Er stellte ihr diese Frage, ohne zu wissen, daß es nicht sehr höflich war, und sie erwiderte, ohne zu ahnen, wie sehr ihn die Antwort erschüttern würde: «Das weiß ich nicht. So etwas weiß kein Mensch voraus.»

«Ihr wißt also, daß ihr sterben müßt, aber nicht, wie lange ihr lebt? Wer spannt euch denn derart auf die Folter?» fragte Neun empört.

Elisabeth dachte eine Weile nach. «Das ist schwer zu sagen. Einige sprechen von Gott, andere vom Schicksal, von natürlichem Verfall oder vom Tod.»

«Und was denkst du?» fragte Neun so verständnislos wie jeder, der zum ersten Mal von solchen Mächten wie «Gott» und «Schicksal» hört.

«Ich mache es in diesem Punkt wie die meisten Menschen, ich denke gar nicht darüber nach. Sonst käme ich ja zu nichts anderem. Ich nutze einfach die Zeit.»

«Ohne zu wissen, ob sie nicht morgen schon abgelaufen ist?»

«So ist es. Wüßte ich es nämlich, würde ich schon heute verzweifeln. So aber hoffe ich noch.»

Neun traten Tränen in die Augen. Dieser Mut, eine Sache anzupacken, auch wenn man sie vielleicht nicht zu Ende führen kann; diese Hoffnung, daß es einem doch gelingen möge, das hatte für ihn als Zahlenwesen zugleich etwas Rührendes und Heroisches.

«Und wenn du nun nicht vom Tod überrascht werden könntest, sondern die Möglichkeit hättest, ewig zu leben . . .?»

Lachend unterbrach Elisabeth ihren Freund Neun. «Ewig leben? Unvorstellbar! Dann wären ja womöglich selbst die ersten Menschen noch am Leben, und die Erde wäre so voll wie eine Sardinenbüchse. Nein, da möchte ich doch lieber beizeiten sterben.»

Darauf war Neun nicht gefaßt. Er hatte fest damit gerechnet, daß Elisabeth die Chance, in alle Ewigkeit weiterrechnen zu können, ohne lange zu überlegen, ergreifen würde.

«Du würdest also nicht mit mir in die Welt der Zahlen übersiedeln?» wollte er sich noch einmal vergewissern und erhielt die klare Antwort:

«Nein, danke. Das Leben auf Zeit ist die schönste Aufgabe, die es zu lösen gibt, finde ich, und der Tod ist die interessanteste Unbekannte, mit der man zu rechnen hat.»

Aus zwei triftigen Gründen vermochte Neun darauf nichts zu sagen. Erstens fehlten ihm plötzlich alle Argumente für die Unsterblichkeit, und zweitens entschwebte er, ohne daß er es verhindern konnte und ohne Zeit für ein Adieu, aus der Menschenwelt – um gleich darauf wieder in seinem Zimmer zwischen Tisch und Schrank unruhig auf und ab zu gehen. Er beschloß, nicht zur Arbeit zu gehen. Ich habe Wichtigeres zu tun, ich muß über Elisabeths Worte nachdenken. Wer weiß, ob ich morgen noch Zeit dafür habe.

Er dachte schon beinahe wie Elisabeth.

Neun hatte das Bedürfnis, mit jemandem zu reden, über die Menschen, versteht sich. Er klopfte an die Tür seines Nachbarn, des Künstlers Sieben. Der brauchte offenbar auch gerade einen Gesprächspartner, denn er ließ Neun kaum zu Wort kommen.

«Es ist im Grunde egal, ob es die Menschen wirklich gibt oder nicht», unterbrach er seinen Besucher. «Für mich zählt allein die Idee. An Einzelheiten bin ich gar nicht interessiert, sie blockieren nur die

Phantasie. Schau dir meine neuesten Skulpturen an! Ich habe sie Mensch I, Mensch II, Mensch III und so weiter betitelt.»

Neun konnte beim besten Willen keine Ähnlichkeit zwischen diesen grauen Klumpen aus Knetmasse und Elisabeth feststellen, doch er respektierte die künstlerische Freiheit seines Freundes und begnügte sich mit dem Hinweis: «Was in deinen Menschenbildern vielleicht noch nicht befriedigend zum Ausdruck kommt, ist die äußere Schönheit des Menschen und sein inwendiges Wesen. Ich bin überzeugt, es steckt in ihnen eine noch viel tiefere Philosophie als in uns Zahlen.»

Sieben nahm die Kritik nicht übel. Er kannte Neuns unbezwingbaren Drang, die Tiefen zu ergründen. Ihn, den Künstler, beschäftigte nun mal mehr die Form und den Grübler Neun mehr der Inhalt der Menschen.

Die Oberfläche der Dinge hatte Neun in der Tat noch nie besonders interessiert, er vernachlässigte sie sogar sträflich. Seine Wohnung und seine Kleidung waren gute Beispiele dafür. Über seinem Schreibtisch klaffte ein großes Loch in der Zimmerdecke, und das Loch in dem grünen Pullover, den er meistens trug, war beinahe ebenso groß.

Es zeigte sich, daß Sieben und Neun völlig verschiedene Menschenbilder vor Augen hatten. Doch darüber waren sie sich einig: Man mußte künftig mit ihnen rechnen.

9 Vor dem Untergang

Neun machte sich auf den Weg zur Redaktion der größten Tageszeitung. Vor dem Verlagsgebäude stand eine Marmortafel, auf der eine große Zahl dargestellt war, die eine kleinere emporhielt, die wiederum eine noch viel kleinere auf dem Kopf balancierte, die in einer Zeitung las. Darunter war der Leitspruch der Zeitung eingraviert: «Für Große wie für Kleine.»

Wenn es zutrifft, daß Schönheit und Wahrheit danach streben, publik gemacht zu werden, dann mußte Neuns Bericht von seiner jüngsten Begegnung mit Elisabeth unbedingt veröffentlicht werden, und zwar ungeachtet aller möglichen Folgen. «Es muß einfach ans Licht», sagte Neun in das finstere Gesicht von Chefredakteur 499, der ahnte, daß er Schwierigkeiten bekommen würde. Brachte er den Bericht, verärgerte er den neuen Präsidenten. Brachte er ihn nicht, würde ihn gewiß das Konkurrenzblatt drucken. Am liebsten hätte er Neun überzeugt, daß seine Geschichte nichts wert war, einfach haarsträubender Blödsinn, der dem lesenden Zahlenvolk nicht zuzumuten sei. Doch dazu war

Neun bereits zu prominent und die Schlagzeile «Das Neueste über Elisabeth» viel zu gut, als daß man aus moralischen Bedenken auf sie verzichten mochte.

«Gut, Sie haben die Kleine kurz wiedergesehen», sagte 499. «Aber das reicht nicht. Ich meine, in dem Stoff steckt mehr drin. Sie sollten öfter rüberschweben und alles über das Elend der Sterblichkeit in Erfahrung bringen.»

«Und wenn das Sterbenmüssen auch eine positive Seite hat?» fragte Neun.

«Der positive Effekt ist der, daß uns das Schrecknis des Todes persönlich nichts angeht. Unsere Leser können sich in ihrem Sessel zurücklehnen und sagen: ‹Wie bin ich froh, daß mir dergleichen nicht passieren kann.› Genau das ist der Witz an Ihrer Gruselgeschichte: der wohlige Schauer, vom Unglück anderer zu lesen. Oder glauben Sie etwa, daß auch wir . . .» Der Chefredakteur blickte Neun scharf in die Augen und stellte das Tonbandgerät an.

«Ich denke . . .», setzte Neun zu einer vorsichtigen Erklärung an, doch 499 unterbrach ihn sofort:

«Wer denkt, zweifelt schon.»

Neun korrigierte sich: «Ich war dort, in der Welt der Menschen, und ich weiß, was ich sah und was ich fühlte.»

Dann sprach Neun seine ganze Geschichte auf das Tonband, genau, wie er sie erlebt hatte. Nur, daß er offenließ, ob es sich um eine reale Reise oder um einen Traum handelte, und er zog auch keine Schlüsse aus seinen Erlebnissen.

Das tat vielmehr der Leitartikel des Chefredakteurs in der gleichen Abendausgabe, die auch Neuns Sensationsbericht aus einer anderen Welt brachte. 499 hielt Neuns «übersinnliche Begegnung» für phänomenal, versprach der Leserschaft viele Fortsetzungen und beglückwünschte Neun wie einen routinierten Romanautor zu seiner außergewöhnlichen Einbildungskraft. Dann folgte die obligatorische Warnung, daß das Zahlenvolk keinen Anlaß zur Beunruhigung habe und aus dem «unglaublichen Augenzeugenbericht» keine falschen Schlüssel ziehen dürfe. Selbstredend sei die Unsterblichkeit dadurch nicht in Frage gestellt, obwohl weitere Beweise für sie begrüßenswert wären, zum Beispiel in Form der versprochenen Parade, die nun hoffentlich nicht mehr lange auf sich warten lasse.

Das klang dermaßen überzeugend, daß es schon wieder Zweifel erregte. Das Konkurrenzblatt meinte halb empört und halb ironisch: «499 bestätigte feierlich, daß unser Zahlenreich auf einem unverrückbar festen Sockel ruht – und zieht diesen mit Neuns unerhörtem Bericht dann plötzlich weg.»

«Habt Geduld, liebe Zahlengenossen», bat der Professor und frischgebackene Präsident in seiner nächsten Rede an die Nation, «habt Geduld, bis wir euch den untrüglichen Beweis liefern, daß sich an unserem Status nichts geändert hat» – womit er zugab, daß bisher ein solcher Beweis nicht erbracht worden war. Dann verkündete er, daß seine Regierung das Versprechen seines Vorgängers, einen numerischen Vollzähligkeitsappell abzuhalten, «zu gegebenem Zeitpunkt» einlösen werde. General 777* sei eigens deswegen im Kabinett belassen worden, um diesen größten Aufmarsch aller Zeiten zu organisieren, und die Vorbereitungen machten täglich Fortschritte.

Doch die Masse der begierig lauschenden Zahlen erschreckte ein von Unbekannt durch die Luft gewirbeltes Paket von Flugblättern mehr, als die Worte des Präsidenten die Gemüter zu beruhigen vermochten. Auf diesem Blatt stellte eine unbeholfen gestrichelte Zeichnung dar, wie die Gefahr des Todes sich in Gestalt einer Lassoschlinge um die Umrisse der Idealen Numerischen Republik legte. Und darunter stand: «Wann wird sich die Schlinge zuziehen?»

Dieses Bild ging all denen, die es gesehen hatten, nicht mehr aus dem Sinn, sie zeichneten es ihren Verwandten und Bekannten auf, und bald kannte und fürchtete es ein jeder. Von der Vorstellung getrieben, daß sich die Schlinge allmählich oder sogar ganz plötzlich zuziehen konnte, begannen die Bürger verrückte und unerlaubte Aktivitäten zu entwikkeln, nämlich einander zu übervorteilen, zu bestehlen und aus purer Todesangst über Leichen zu gehen, obwohl es solche natürlich gar nicht gab. Es war nur eine neue Redensart. Die hohen Ideale der nach Ansicht vieler stark angeknacksten rationalen Gesellschaftsordnung verloren von Tag zu Tag an Wert, und immer mehr Bürger fragten sich betroffen, wie es geschehen konnte, daß man so lange die Schimäre der Unsterblichkeit angebetet hatte. Man stellte aus Stroh Figuren dieses Popanzes her und verbrannte sie auf Plätzen und an Straßenecken. Sie verbrannten so schnell, daß die Polizei nur noch die Asche zusammenfegen konnte – sofern die Ordnungshüter überhaupt auf der Bildfläche erschienen, denn sie waren jetzt damit beschäfigt, hinter Dieben herzujagen.

Viele Zahlen litten unter ständig wachsendem Minderwertigkeitsgefühl und kämpften dagegen, indem sie ihre erste oder letzte Ziffer einfach ignorierten. So bildete sich etwa eine 8884 ein, eine 884 zu sein, und schon fühlte sie sich eine Klasse höher und entsprechend wohler. Andere mogelten sich in Gedanken eine Ziffer dazu, in der Hoffnung, dem Tod auf diese Weise weniger aufzufallen und daher am Leben zu bleiben. Einige rannten mit einer Stoppuhr los, so schnell und so weit sie konnten, als ob die zurückgelegte Distanz sie genauso weit vom Tod entfernte. Wieder andere nahmen Zuflucht zu obskuren Praktiken der Zahlenmystik, in der Hoffnung, sich die Unsterblichkeit durch kabbalistische Tricks zu erhalten. Überall wurden bisher selbstverständliche Pflichten vernachlässigt. Von allen guten Geistern verlassen fühlten sich die unteren Tausend, als die in der Provinz lebenden Millionenzahlen nicht mehr zur Arbeit in der Hauptstadt erschienen und vor den Häusern die Müllberge zu wachsen begannen. Besonders furchtsame Zahlen vernagelten daraufhin ihre Haustüren und Fenster, um die «Pest der Sterblichkeit» nicht bei sich eindringen zu lassen.

Die Hypochondrie grassierte wie ein Virusinfekt und verursachte groteske Unfälle. So war 2000002 mitten im Nachdenken über seine unsichere Zukunft plötzlich wie ein Obelisk umgestürzt und in der Meinung, er sei tot, einfach liegengeblieben. Als man ihn Stunden später fand, erwies es sich, daß er kaum verletzt war. Seine Pfeife hatte lediglich eine seiner Nullen durchbohrt. Trotzdem kam er vorsorglich auf die Isolierstation des Krankenhauses. Noch war man unsicher, ob die sogenannte kontemplative Angst nicht durch ihren bloßen Anblick übertragbar sei.

Zweifellos war die «Seuche des Zweifels» in ihr zweites, alarmierendes Stadium getreten. Der Historiker 45 454 hielt es für gerechtfertigt, vom Anbruch eines neuen Zeitalters zu sprechen, das er – weil indirekt durch eine Erscheinung namens Elisabeth ausgelöst – das «Elisabethanische» zu nennen vorschlug. Die Zivilisation mit der besten Organisation und strengsten Disziplin stand am Rande des Zusammenbruchs, und einer sagte es dem andern weiter, daß es nur noch einer mit wunderbaren Kräften gesegneten messianischen Zahl gelingen konnte, den Untergang der Idealen Numerischen Republik in letzter Minute aufzuhalten.

10 Zahlen-Psychiatrie

In dem Maße, wie die Verzweiflung sich breitmachte, stieg die Nachfrage nach psychiatrischer Behandlung. Da alle Ärzte überlastet waren, bildeten sich Selbsthilfegruppen, in denen die Zahlen sich gegenseitig ihre Ängste und anderen krankhaften Angewohnheiten berichteten – ein Zeitvertreib, der bis dahin undenkbar gewesen wäre. Es half den Patienten jedoch, wenn sie merkten, daß es welche gab, die noch irrationaler als sie selbst waren.

Um der immer weiter um sich greifenden Verzweiflung Herr zu werden, führten die Ärzte die «Stadiontherapie» ein. In Fußballstadien und Kongreßhallen konnte ein einzelner Arzt über die Lautsprecheranlage eine große Menge gleichzeitig behandeln, und es kostete jede Zahl nur die Hälfte. Wenn der Therapeut den Termin aus Überlastung nicht einhalten konnte und ein volles Stadion ohne Betreuung war, wurde von der Ehrentribüne aus das Gerücht verbreitet, daß der Psychologe mitten unter der Menge war und es an einem selber lag, wenn man ihn nicht sah. Während einer solchen Sitzung fragte dann einer den anderen: «Sind Sie es etwa?», was jedem schmeichelte, und sogleich fühlte man sich ein bißchen gesünder.

Dann kam die «Videotherapie». Sie ermöglichte, daß der Patient in seinen eigenen vier Wänden behandelt werden konnte. Einige wandten ein, daß der im Videofilm erscheinende Therapeut seinen Patienten nicht sehen und ihm daher nicht individuell helfen könne. Das konnte jedoch der Stadiontherapeut auch nicht; und sogar den Privattherapeuten konservativer Schule war es längst unmöglich, sich an die Beschwerden aller ihrer Patienten zu erinnern – zumal alle die gleiche Ursache hatten. Der Vorteil der Videotherapie lag darin, daß der zu Hause behandelte Patient seinen Gefühlen freien Lauf lassen, den Arzt auf dem Bildschirm beschimpfen, den Staat ebenso ungestraft schmähen und die ganze Fernseheinrichtung zertrümmern konnte, wenn ihm danach zumute war. Hauptsache, es verringerte die Angst vor der Zukunft und vertrieb den Alptraum, demnächst das Schicksal Elisabeths teilen zu müssen.

Eine Woche nachdem Neun zum zweiten Mal die Menschenwelt besucht hatte, saß Dr. 20001, der prominenteste unter den Psychiatern, die sich auf die Behandlung der Sterblichkeitspsychose spezialisiert hatten, in einem Seidenanzug von verblichener Eleganz in seiner Praxis, schaute fortwährend auf seine Platinuhr, die ihm von Kollegen für die Erfindung der Vierzig-Minuten-Stunde verliehen worden war, und bereitete sich darauf vor, das höchste Honorar zu verdienen, das je für eine psychologische Beratung gezahlt worden war. Professor 1000 hatte sich zur Konsultation angesagt, allein im Interesse der Republik, versteht sich, nicht etwa wegen persönlicher Probleme.

Der Professor begann ohne Umschweife: «Nun, was halten Sie von diesem Blödsinn?»

«Sie meinen, daß Neun drauf und dran ist, die Republik psychisch ins Wanken zu bringen?» fragte Dr. 20001 ebenso unverblümt zurück.

«Ja. Was ist da kaputt?»

Der Arzt überlegte einen Augenblick. «Die Saiten», sagte er und stand auf, um zum Präsidenten aus noch größerer Höhe sprechen zu können.

«Wie bitte?»

«Es sind Saiten tief in unserem Innern. Ich nenne sie die chaotischen Saiten. Neun hat sie angeschlagen. Aus ihnen schwingt alles Verdrängte empor, vor allem Furcht vor dem möglichen Tod.»

«Gegenmittel?» Der Professor sprach im Telegrammstil, weil er wußte, daß jede 20001-Minute so teuer war wie zehn Karat Gold.

Doch in den nächsten dreißig Sekunden glitzerte nur die pfirsichfarbene Brille des Arztes, was seine geheimnisvolle Ausstrahlung und damit auch die Nervosität des Professors noch vergrößerte. Er rutschte auf dem schwarzen Ledersofa herum und hätte sich am liebsten der Länge nach ausgestreckt. Doch er war ja rein im Interesse der Republik da und nicht in eigener Sache.

«Was schlagen Sie vor?» insistierte er.

«Ich bin Diagnostiker», gab der Psychiater nachsichtig lächelnd zu verstehen. Er baute darauf, daß abgeklärte Bedächtigkeit seinen Worten mehr Gewicht verlieh und mehr Zeit in Anspruch nahm. «Wie dem auch sei», fügte er ebenso gelassen hinzu, «die einzige Möglichkeit . . .» Er hielt inne und benutzte nicht sonderlich diskret einen Lippenpomadestift. Ob das Ergebnis seines Nachdenkens den Gebrauch des Stiftes rechtfertigte oder das Nachdenken erst in Gang setzte, darüber hatte er noch nie nachgedacht. Er beendete den Satz nicht, da er nicht mehr wußte, wie er ihn begonnen hatte, sondern formulierte statt dessen das Resultat seiner reiflichen Überlegung: «Der Unruheherd muß beseitigt werden.»

«Neun?» fragte der Professor. Er fand die plausible Lösung für ein so hohes Honorar ein wenig zu einfach.

«Nein.»

«Also wie?»

«Was meinen Sie?»

Professor 1000 war zwar über alle Maßen gebildet und neuerdings obendrein noch Präsident der Idealen Numerischen Republik, aber er hatte keine Vorstellung vom Ablauf einer psychologischen Beratung, und dieser ganz normale Dialog befremdete ihn.

Traurig, dachte der Psychiater, traurig, wenn einer so viel studiert hat und immer noch nicht weiß, daß man sich alle Antworten letzten Endes selber geben muß. Und plötzlich überfiel ihn wieder diese traumatische Bitterkeit darüber, daß er um eine Einheit zu groß war, um in Numeropolis zu praktizieren. In jahrelanger Eigenanalyse hatte er herausgefunden, daß er nur deshalb Psychiater geworden war, um mit dem Komplex, nicht zu den unteren Tausend zu gehören, fertig zu werden.

«Vergeblich», murmelte er vor sich hin.

Der Professor, der nicht begriff, was Dr. 20001 meinte und wer nun überhaupt an der Reihe war, etwas zu sagen, wiederholte mit einem deutlichen Blick auf seine Uhr die ihn allein interessierende Frage: «Was schlagen Sie vor?»

«Tja», antwortete der Psychiater. Er mußte sich erst wieder an das zur Diskussion stehende Problem erinnern. «Wenn sich eine fixe Idee, zum Beispiel die des Todes, einmal festgesetzt hat und andererseits eine Verbindung erst einmal abgerissen ist, beispielsweise die mit der Ewigkeit, dann . . .»

Der Professor war zu nervös, um das Ende der Schlußfolgerung abzuwarten. Er konnte sich denken, daß sie nicht günstig ausfallen würde. «Keine Therapie, keine Hoffnung? Ich bitte Sie, Doktor!»

«Das habe ich nicht gesagt», erwiderte Dr. 20001 mit einer abwehrenden Handbewegung.

«Und was wollten Sie sagen?» fragte Professor 1000.

«Was könnte man sagen?» lautete die Gegenfrage.

Der Professor wand sich wie unter Magenkrämpfen, dann sagte er würgend: «Einmal angenommen, wir beseitigten alle Botschafter des Todes, jeden, der irgendwelche Zweifel an unserer Unsterblichkeit sät, aus unseren Reihen?»

Der Psychiater schüttelte den Kopf. «Funktioniert nicht. Keiner von uns kann aus dem Zahlensystem eliminiert werden. Das ist eine unumstößliche Regel.»

«Keine Regel ohne Ausnahme – und überhaupt: Diese Regel muß revidiert werden, sie ist für jeden Regierenden ein unzumutbares Handikap. Sie könnte, wenn das so weitergeht, die Zahlenrepublik unregierbar machen. Ich weiß jetzt, was ich zu tun habe: Ich werde alle Unruhestifter für moralisch tot erklären, und zwar so lange, bis sichergestellt ist, daß sie im Unrecht sind, ich meine, bis sie klein beigeben und widerrufen.»

Der Professor sah den Psychiater erwartungsvoll und so strahlend an wie alle Patienten, wenn sie glauben, die Lösung ihres Problems selbst gefunden zu haben.

«Ich danke für Ihren Rat. Schicken Sie mir die Rechnung.»

Professor 1000 ging zur Tür, winkte noch einmal, wie er es gewohnt war, dem Volk zuzuwinken, und begab sich draußen in die Obhut seiner Leibwächter.

Dr. 20001 fühlte sich zutiefst brüskiert. Seine besondere Stärke war, daß er seine Sitzung auf die Minute genau und mit einem aufmunternden Satz schloß. Und es waren noch keine vierzig Minuten vergangen.

Als der Professor in seine Präsidentenlimousine stieg, dachte er dasselbe wie vor der Konsultation des weisen alten Seelenarztes: Er würde das Übel bei der Wurzel packen und Neun zur Null machen. Das Wortspiel erheiterte ihn ungemein.

Am nächsten Tag rief der neue Präsident sein Kabinett zur ersten Arbeitssitzung zusammen. Es bestand, wie angekündigt, aus lauter Wissenschaftlern – Lexikographen, Ornithologen, Linguisten und Kartographen – statt aus Politikern und Militärs. Nur der frühere Präsident, General 777*, bildete eine Ausnahme. Nach der Parade gedachte der Professor ihn gegen einen Schmetterlingsforscher auszuwechseln.

Er versprach, während seines «Semesters im Amt» Dutzenden alter Regeln neue Bedeutung zu verleihen, und erklärte den Buchstaben U zum nationalen Symbol der Unsterblichkeit. Alle öffentlichen Gebäude, alle Taxis, alle Plakatflächen und alle Briefköpfe sollten mit diesem Zeichen der Zuversicht verziert werden. Das Intonieren, Singen und Rufen des Lautes U sollte künftig eine tägliche Gepflogenheit aller Bürger sein und ihnen helfen, neuen Mut zu schöpfen. Insbesondere sollte dieser Laut all jenen entgegenschallen, die es weiterhin wagten, «die Theorie des Todes zum Leben zu erwecken». Ein Bildungsprogramm von bisher unbekannten Ausmaßen sollte das Volk rund um die Uhr beschäftigen. Mehr Wissen, über welches Gebiet auch immer, würde das Selbstgefühl stärken und jede neue Erkenntnis das Bewußtsein der Unsterblichkeit steigern. Jede Minute Freizeit sollte Bildungszeit sein, jede Kulturveranstaltung kostenlos.

Das Fernsehen wurde angewiesen, die Zahl der Quizsendungen zu verdoppeln, jeder Bürger aufgefordert, seinen Bücher- und Zeitungskonsum zu erhöhen, Statistiken auswendig zu lernen – all das schule den Geist wie das Gedächtnis und vertreibe die unnützen Gedanken an die Menschen und ihre Sterblichkeit.

Weite Teile der Bevölkerung folgten diesen Empfehlungen und studierten ab sofort auf Teufel komm raus alles, was zu Gebote stand. Für subversive Gespräche über Menschen und den Tod blieb auf diese Weise gar keine Zeit mehr, und wer dennoch davon anfing, bekam von seinem Gegenüber ein langgedehntes U zu hören, das genauso vernichtend wie ein Buuuh im Theater klang.

So reagierte die Masse – doch ganz anders die geistige Elite. Der Professor hatte seltsamerweise vergessen, daß die Intellektuellen mit Vorliebe das Gegenteil von dem tun, was von der Regierung befohlen oder auch nur empfohlen wird, und schon brachte das Tabuthema «Tod» Leben in die Kultur. Der Tod stand jetzt im Mittelpunkt aller anspruchsvollen Theaterstücke, alle Poeten besangen ihn, die Komponisten machten sich an Todessinfonien, die Sänger brachten Totenlieder zu Gehör, und die Philosophen gründeten eine «Dunkle Schule», die sich ausschließlich mit der Erhellung der Finsternis des Todes befaßte. Das alles geschah mit dem Eifer und Elan, den fast immer nur die Opposition aufzubringen vermag – und erfreute sich bei allen, die das offizielle Kulturprogramm konventionell und fad fanden, immer größerer Beliebtheit. Die Überzeugung, daß erst der Tod Dramatik ins Leben bringe und daß die Idee, sterblich zu sein, das Dasein erst richtig beflügle, wurde ein Modetrend, dem von Tag zu Tag mehr Zahlen huldigten.

Der Professor verfolgte diese Entwicklung verständlicherweise mit Unbehagen. Am liebsten hätte er den «Todeskünstlern», wie er sie in seinen Reden verächtlich nannte, Berufsverbot erteilt, aber er wußte, daß Künstler um so aktiver werden, je mehr sie unterdrückt werden, und so blieb ihm nur die Hoffnung, daß sich, wie alle Themen, auch das Thema «Tod» mit der Zeit von selbst totreiten und die Unsterblichkeit den längeren Atem behalten würde. Das schien ihm logisch, und die Logik hatte noch stets gesiegt.

Andererseits hatte er wie alle Präsidenten schlaflose Nächte, und in diesen gestand er sich ein, daß seine Beratung mit dem Psychiater Dr. 20001 im Grunde für die Katz gewesen war, das enorme Honorar hinausgeworfenes Geld, die forcierte Volksbildung mehr Geld kostete als ihren Zweck erfüllte, das U-Symbol immer häufiger als Unsinnszeichen interpretiert und verspottet wurde.

«Die Null-Lösung wäre vielleicht doch die richtige gewesen», war die zwingende Einsicht in solchen Nächten. Neun, den Initiator all der Schwierigkeiten, zur Null zu machen, hatte der Professor bald wieder verworfen. Schließlich hätte er den Übeltäter damit nur zum Märtyrer gemacht und das Volk gegen sich aufgebracht.

Merkwürdigerweise war Neun selbst in letzter Zeit gar nicht mehr an die Öffentlichkeit getreten, vermutlich weil seine «Bewegung» sich auch ohne ihn ausbreitete.

Der Professor spürte, daß der Zenit der Krise noch nicht erreicht war, und er sollte recht behalten.

11 Das ominöse Schneepferd

Die Sitzungen der neuen Regierung, mittlerweile schon das Professorenkabinett genannt, verliefen nicht viel anders als die des Generalskabinetts, nur daß jetzt alles aus Büchern, Protokollen und Manuskripten vorgetragen und durch Grafiken und Filmbilder veranschaulicht wurde.

Der neue Oberstatistiker, um Rapport über den Stand der «Zweifelsseuche» gebeten, kam mit einem meterhohen Papierstapel an und verteilte die Blätter an die Anwesenden. Während die Wissenschaftler das Zahlenmaterial studierten, schob der General es mit dem Unterarm beiseite und tat so, als wisse er bereits alles.

Der Statistiker erläuterte: «Zu Seite eins: Sie werden feststellen, daß sich die Zahl derjenigen, die lesen und schreiben können, ins Theater gehen und Kreuzworträtsel lösen, verzehnfacht hat.»

Das ganze Kabinett applaudierte. Mit Ausnahme des Generals, der nur so tat. Wer genau hinhörte, bemerkte, daß seine Hände nicht zusammenklatschten.

«Nun zu Seite zwei: Jeder vierte Bürger ist mehr

oder weniger stark von der Seuche des Zweifels befallen. Exakte Daten sind schwer zu erheben, da nur wenige zugeben, daß sie zweifeln, und viele sich nicht sicher sind, ob sie zweifeln. Wie hoch die Dunkelziffer ist, erhellt die Rubrik ‹keine Meinung›.»

Der Statistiker hielt inne, um die Schlußfolgerung den Kabinettsmitgliedern selbst zu überlassen, aber die raschelten nur ratlos mit dem Papier und mokierten sich darüber, daß es Zahlenbürger gab, die keine eigene Meinung hatten. Weiter fiel ihnen nichts ein.

Dem Statistiker blieb nichts anderes übrig, als das Resultat selbst zu formulieren: «Wenn sich die Unsterblichkeitsirritation in gleicher Rapidität ausweitet wie bisher, ist die Bevölkerung in zwei Monaten zu achtzig Prozent infiziert – und damit wäre der statistische Grenzwert des sozialen Chaos erreicht.»

«Vollkommener Wahnsinn!» donnerte der Professor und ließ offen, ob er damit die Aussage des Statistikers oder die bevorstehende Situation des sozialen Chaos meinte.

Pikiert erklärte der Statistiker: «Nicht die Statistik ist wahnsinnig, sondern die Zahlen sind es. Der Zusammenbruch des Systems läßt sich unschwer hochrechnen.»

Der Professor wandte sich an 1674, den Generalstabsoffizier, dem 777* das Kommando über die Spezialeinheiten zur Auffindung der letzten Ziffer anvertraut hatte.

«Haben Sie endlich einen Erfolg zu melden?»

1674 erhob sich so lahm wie ein Schüler, der seine Hausaufgaben nicht gemacht hat und noch Zeit für eine plausible Entschuldigung herausschinden will: «Also wir sind jetzt mit den Quintillionen durch. Aber es gibt anscheinend noch längere Ziffern. Wir sind dabei herauszufinden, wie sie heißen, ob Quintilliarden oder Sextillionen.»

Der Professor wurde ungnädig: «Im vergangenen Monat behaupteten Sie, schon bei den Trillionen nahe am Ziel zu sein. Wer garantiert denn, daß es nicht noch Octillionen und Octilliarden gibt oder wie diese Monstren heißen mögen?»

Der Offizier zuckte mit den Achseln, der Oberstatistiker sagte beflissen: «Es läßt sich alles hochrechnen.»

In diesem Moment geschah es: Die Mahagoni-Flügeltüren wurden aufgerissen, und eine Schar von Zahlen unterschiedlichster Größe drängten in den Sitzungssaal.

«Das hätte es unter meiner Präsidentschaft nicht gegeben!» brüllte der General und wies die Türhüter an, den Pöbel hinauszubefördern. Doch dieser war erstens in der Überzahl, und zweitens waren die zivilen Wissenschaftler wie auch der Statistiker neugierig, den Grund für diese ungewöhnliche Kundgebung zu erfahren.

«Der Verkehr ist zusammengebrochen, die Fußgängerzone verstopft, nichts geht mehr», war die Antwort der Eindringlinge, woraus der Statistiker folgerte, daß es sich um Taxifahrer und andere Motorisierte handeln mußte, die sich über den permanenten Stau während der Stoßzeiten beschweren wollten. General 777* hatte recht. Das hätte sich früher keiner getraut. Vor einem Professor hatte das niedere Volk weniger Respekt. Daß Wissen Macht ist, mußte man ihm erst noch beweisen.

Der Professor trat an einen der Protestierenden heran und fragte mit vertrauensbildendem Augenaufschlag: «Und was ist der Grund dafür, daß angeblich nichts mehr geht?»

«Die Statue!»

«Welche Statue?»

«Na, das Pferd.»

«Was für ein Pferd?»

«Mit einem Menschen drauf.»

«Wie ist das möglich?» Jetzt hatte es dem Professor, was noch nie vorgekommen war, die Sprache verschlagen. Die aufgeregten Protestler redeten ungefragt weiter, zwar alle durcheinander, doch alle über das gleiche Phänomen und im gleichen, eher schwärmerischen als empörten Ton.

«Aus Schnee ist die Statue und wunderschön. Das Schlimme ist nur, daß sie so schnell schmilzt.»

«Ja, das Wasser läuft glitzernd an den Flanken des Pferdes und am Rücken des Menschen herunter, beide werden zusehends kleiner.»

«Deshalb ist ja ganz Numeropolis . . .»

«. . . und die halbe Provinz . . .»

«. . . die ganze Zahlenrepublik unterwegs, um noch einen Blick auf die herrliche Statue zu werfen, bevor sie ganz geschmolzen ist.»

«Wenn wir zurück sind», schluchzte eine Stimme, «werden wir sie vermutlich schon nicht mehr sehen, nur noch eine Wasserlache.»

«Na also!» rief der General. «Dann wird sich ja auch der Stau schnell wieder auflösen. Alles halb so schlimm. Morgen ist es bereits Schnee von gestern, und keiner von euch denkt mehr daran.»

«Das ist es ja gerade», meldete sich jetzt eine noch verzweifeltere Stimme. «Wir sind hier, um zu erfahren, wie sich die Schönheit dieser Statue erhalten ließe. Niemand will sie mehr missen, alles weint ihr jetzt schon nach, weil sie so unendlich rührend, so unendlich vergänglich ist . . .»

«Weil allgemein die Ansicht herrscht, daß es ihre Vergänglichkeit ist, die sie so schön erscheinen läßt, muß man sie unbedingt erhalten, finden wir. Sie wäre ein viel überzeugenderes Symbol für unsere Weltanschauung als das nüchterne U-Ding. Es werden schon überall Unterschriften gesammelt, um das Schneepferd zum Nationaldenkmal zu erklären . . .»

«. . . zum Volksheiligtum . . .»

«. . . wenn es uns nur nicht zerrinnen würde wie den Menschen das Leben.»

Rings um die Kabinettsmitglieder, die Referenten und das Aufsichtspersonal war ein einziges Jammern und Händeringen. Die Minister bahnten sich einen Weg zur Fensterfront, aber es waren nur Massen von Bürgern zu sehen, die alle in die gleiche Richtung schauten, wobei die großen Zahlen im Vorteil waren und die kleinen hilfsbereit auf ihre

Schultern gesetzt hatten oder geduldig an ihren Beinen und Armen hochklettern ließen.

«Was geht hier eigentlich vor?» rief der Verkehrsminister, der nichts begriffen hatte, in die Menge. «Der Stau seid ihr doch selber! Geht auseinander, dann seid ihr nicht mehr da, und der Stau ist weg.»

«Ich kann die Begeisterung verstehen», sagte der für die Landschaftspflege zuständige Ornithologe. «Ein schön gefiederter Vogel bringt mich auch in Verzückung, und wenn er davongeflogen ist, bin ich noch stundenlang deprimiert.»

«Schluß jetzt mit dem Unsinn!» rief der Professor und haute genauso energisch auf die Tischplatte, wie sein Vorgänger zu tun pflegte: «Der Hersteller dieses Schneegebildes muß unverzüglich ermittelt und verhaftet werden, die Reste dieser ominösen Statue sind restlos zu beseitigen.»

Die Sitzung war geschlossen, die Protestler oder Bittsteller – weiß der Himmel, was sie gewollt haben mochten – verließen bekümmert schweigend den Saal. Nach ihnen gingen die Minister, Referenten und Beamten. Der Professor brauchte am längsten, um seine Akten zusammenzupacken. Zu viele Probleme hatte er zu bewältigen, nun auch noch ein Schneepferd mit einem Menschen drauf.

Selbst jene, die zwischen diesem Schneepferd und der Sterblichkeit keine Beziehung zu entdecken vermochten, spürten, daß etwas Bedeutsames geschehen war und ein Ende nahe. Ein kleines Stück von jedem einzelnen schien irgendwie dahingeschmolzen zu sein.

12 Der Prozeß

Von Polizisten flankiert, betrat Neun das Gerichtsgebäude von Numeropolis. Weil man den Hersteller der Schneepferd-Statue nicht ermitteln konnte, hatte man Neun als den geistigen Vater der skandalösen Statue verhaftet, und nun sollte ihm in einem Schnellverfahren der Prozeß gemacht werden.

Der Gerichtssaal war der größte im ganzen Land. Die Zuschauerränge schienen sich ins Unendliche fortzusetzen, die harmonisch geschwungenen Tribünen, die Kuppel mit ihren vergoldeten Streben und die hohen Fenster waren so wohlproportioniert, daß der Raum wie ein architektonisches Symbol der Gerechtigkeit wirkte. Das Publikum bestand aus Zahlen in allen Größen und war sonntäglich gekleidet wie zu einer Opernpremiere. Dies war immerhin die erste Verhandlung über einen Fall von «Agitation zugunsten der Menschlichkeit».

Das Schnattern hörte schlagartig auf, und atemlose Stille herrschte, als Neun hereingeführt wurde, auch er im Sonntagsstaat und scheinbar vollkommen ruhig.

Hinter einem langen Tisch saß Richter 2020, genannt «der Unfehlbare». Nachdem er Neun aufgefordert hatte vorzutreten, verlas er die Anklageschrift. Darin hieß es: «Sie werden subversiver Tätigkeit zum Schaden der Idealen Numerischen Republik angeklagt, weil Sie massive Zweifel an der Unsterblichkeit unserer Bürger und damit unserer Gesellschaftsordnung verbreitet haben. Bekennen Sie sich schuldig?»

«Nein», antwortete Neun geradeheraus.

Der Richter erteilte dem Staatsanwalt das Wort. 2344 erhob sich und verlas eine sorgfältig formulierte Erklärung über den ideellen und materiellen Schaden, den Neun nach Auffassung der Obrigkeit angerichtet hatte. Da war von der «unbezifferbaren Verzweiflung» die Rede, die der Angeklagte durch seine demagogischen Äußerungen in die Bevölkerung getragen habe, von den gesundheitsschädlichen Medikamenten gegen die Angstpsychose, die von gewissenlosen Quacksalbern auf den Markt gebracht worden waren, und natürlich auch von dem ungeheuren Aufwand, den der Staat seit Wochen betreiben mußte, um zur Beruhigung der Bürger eine Parade sämtlicher Bewohner der Zahlenrepublik zu organisieren und zu diesem Zweck die allerletzte Zahl ausfindig zu machen. Die Wiederherstellung des von Neun zerrütteten Glaubens an die Unsterblichkeit habe bisher bereits mehr Geld gekostet als das Militärbudget eines ganzen Jahrhunderts, nicht mitgerechnet die von den Krankenkassen zu zahlenden Honorare für die Nervenärzte und Psychotherapeuten sowie den unzumutbaren

Verdienstausfall einer großen Zahl von Bürgern wegen des «Schneepferd»-Verkehrsstaus.

Als der Staatsanwalt seinen Berg an Beschuldigungen abgeladen hatte, ergriff Richter 2020 wieder das Wort. «Bedenken Sie, Neun», sagte er mit betont sanfter und dezent seufzender Stimme, «es würde sich auf das zu veranschlagende Strafmaß günstig auswirken, wenn Sie hier und heute Ihrer ketzerischen Lehre abschwören und versprechen, fortan nichts Menschliches mehr zu rühmen, die Welt der Menschen nicht mehr zu betreten und unsere Unsterblichkeit nie wieder in Zweifel zu ziehen, sondern ihre ewige Gültigkeit laut und deutlich beschwören. Sind Sie dazu bereit?»

Abermals antwortete Neun mit einem klaren Nein.

«Und warum nicht?» fragte der Richter erstaunt. Er hatte dem Professor zugesagt, den Fall auf die elegante Weise zu einem schnellen Ende zu bringen, und das feierliche Abschwören eines Angeklagten war seit eh und je die bequemste Lösung.

«Weil ich meine, daß wir von den Menschen viel lernen können – und Lernen wird doch jetzt ganz groß geschrieben», erklärte Neun.

Verärgert entgegnete der Richter: «Dann müssen wir den Prozeß fortsetzen.» Er rief den ersten Zeugen auf, einen Schriftsteller, dessen Bücher in allen Schulen gelesen wurden.

«Mensch zu sein ist nicht erstrebenswert, er besteht aus lauter schwachen Punkten. Er ist gewissermaßen unser Vasall. Er vermag seinesgleichen wie alle Dinge seines Bedarfs nur mit Hilfe von Zahlen zu berechnen. Bei uns dagegen zählt jeder für sich. Wir sind menschenunabhängig und haben daher auch nichts mit ihrem Tod zu schaffen. Es lebe die Unsterblichkeit!» Nachdem er seinen Text aufgesagt hatte, der haargenau der Auffassung der Regierung entsprach, verließ er den Zeugenstand hocherhobenen Hauptes.

Die nächsten Zeugenaussagen erbrachten keine neuen Erkenntnisse, und die Aufmerksamkeit des Publikums ließ spürbar nach. Die Reporter klappten ihre Notizbücher zu, und selbst der Protokollführer schrieb nur noch jedes dritte Wort mit. Dann wurde der Starzeuge aufgerufen, der Experte für menschliches Verhalten. Man kannte 899 aus Fernsehsendungen, und Neun ärgerte sich, ihn als Zeugen der Anklage zu sehen. Überraschung löste aus, daß er eine Brille trug.

«Zahlen brauchen doch keine Brille», sagte der Staatsanwalt verständnislos.

«Eben!» erwiderte der Experte. «Das war nur eine kleine augenfällige Demonstration.» Er nahm die Brille ab, drückte sie zusammen und warf sie auf den Boden. «Wir brauchen vieles nicht, was die Menschen brauchen, vor allem keine andere Optik als die uns eigene Zahlenoptik.»

Er schaute in die Runde, um sich zu vergewissern, daß seine Demonstration den gewünschten Effekt erzielt hatte, dann fuhr er fort:

«Die Frage der Lebensdauer ist der Menschen größtes Problem und für die meisten ein Tabuthema. Die Jungen gehen den Alten am liebsten aus dem Weg, weil sie nicht daran erinnert werden möchten, daß sie ebenfalls alt und grau werden – sofern sie nicht schon jung sterben. Die Alten wiederum behaupten, die Jugend nicht zu verstehen, dabei wollen sie nur nicht an ihre eigene erinnert werden, weil sie das trübsinnig macht. Zeit ist etwas, das sie nie völlig begreifen können und schon gar nicht praktisch in den Griff kriegen. *Wir* dagegen, hohes Gericht und verehrte Mitbürger, haben über die Zeit leicht reden. Wir gehen ja nicht den Weg alles Irdischen, wir gehen ja nicht ein. Wir bleiben, was wir sind und immer waren.»

899 hatte die Zuschauer in seinen Bann geschlagen. Nicht das leiseste Geräusch war zu hören, als der Zeuge zu weiteren Ausführungen ansetzte.

«Alles, was alt aussieht, stimmt die Menschen melancholisch. Es raunt ihnen zu: ‹Du hast keine Zeit mehr.› Viele glauben, wenigstens eine unsterbliche Seele zu haben. Ohne diese Vorstellung fänden sie ihr Dasein ganz und gar unerträglich. Andere bilden sich ein, in ihren Kindern weiterzuleben oder – noch absurder – in ihren Werken. Um dies zu erreichen, versuchen sie, ihre Kinder zu Abbildern ihrer selbst zu erziehen und ihren Besitz ständig zu vermehren. So sehr hängen einige am Leben, daß sie sich einfrieren lassen, in der Hoffnung, daß der Tod eines schönen Tages heilbar sein werde. Andere wieder begnügen sich damit, die Stimme der Wahrheit in ihrem Innern durch laute Musik zu übertönen und das Bewußtsein ihrer Vergänglichkeit durch Alkohol und Drogen auszuschalten, als ob sie damit den Tod bezwingen könnten. Doch ich versichere Ihnen, es ist vergebens.»

«Wie steht es mit den angeblichen Genies? Wissen die mehr, und kommen die besser zurecht?» Bei dieser Kernfrage des Staatsanwalts spitzten alle die Ohren.

«Ach, die Genies», antwortete 899 mit einer Geste des Bedauerns. «Sie sind die beklagenswertesten Menschen. Sie wissen zwar ein bißchen mehr als alle anderen, doch es nützt ihnen im Endeffekt kein bißchen. Denn der Endeffekt des Lebens ist und bleibt der Tod. Im übrigen sterben die Genies allmählich aus. Ob aus Kummer, weil sie nicht noch mehr wissen können oder weil sie nicht genug geachtet werden, das ist noch nicht erforscht.»

Nach diesem eindrucksvollen Vortrag verließ der Experte den Zeugenstand mit einer Verbeugung, als habe er eine künstlerische Leistung vollbracht. Einige Zuschauer applaudierten denn auch, aber die Mehrheit verharrte still in Ehrfurcht vor so viel Wissen über die Menschen und ihre armen Genies.

Jetzt wandte sich der Staatsanwalt an den Angeklagten. «Unsterblicher Neun», begann er, «Sie haben sich durch die wiederholt geäußerte Vermutung, unser Schicksal sei mit dem der Menschen verknüpft und wir seien daher so sterblich wie sie, eines schweren Vergehens schuldig gemacht. Der Experte hat uns nun unwiderlegbar bezeugt, daß das Los der Menschen keinesfalls das unsere ist und wir den Tod nicht zu fürchten haben . . .»

«Daß wir ihn zu fürchten hätten, habe ich nie behauptet», unterbrach Neun den Staatsanwalt kühn. «Im Gegenteil, ich bin der Meinung, daß erst der Tod dem Dasein einen Sinn verleiht und nicht gefürchtet werden muß, sondern mit Vernunft akzeptiert werden kann. Doch viele Menschen – und zu meinem Bedauern auch viele überaus vernünftige, rational orientierte Zahlen – haben Schwierigkeiten, dies einzusehen. Und wenn es stimmt, daß wir ihnen rundum überlegen sind, wäre es da nicht eine schöne Aufgabe, den Menschen bei der Lösung ihres dringendsten Lebensproblems zu helfen?»

Im Gerichtssaal wurde es wieder unruhig. Die Reporter riefen «Hört, hört!» und U-Rufe wurden laut. Der Karikaturist der Tageszeitung strich die Skizzen, die er von Neun gemacht hatte, wütend durch, weil Neun plötzlich ganz anders aussah: zuversichtlich, beinahe heiter, vor allem aber überzeugend.

«Für mich steht fest», fuhr Neun unbeirrt fort, «daß von der Sterblichkeitsidee eine gewisse Faszination ausgeht. Solange wir nicht herausgefunden haben, worin sie besteht, wissen wir zu wenig über die Menschen, um das Recht zu haben, sie geringzuschätzen.»

Der Richter unterbrach Neun. Wenn ein abruptes Stirnrunzeln und Kinnbeben den großen Kandelaber aus seiner Aufhängung hätte reißen können, er wäre unweigerlich auf die Anklagebank herabgestürzt.

«Schweigen Sie!» brüllte 2020. «Jedes Ihrer

Worte ist Landesverrat, Demagogie. Durch Ihr destruktives Gefasel von den Vorzügen des Menschenlebens haben Sie das Credo des Zahlenvolks verspottet, den Glauben der Zahlenbürger ins Wanken gebracht.»

Noch einmal fand Neun den Mut, dem Richter zu widersprechen. «Sie sehen alles so furchtbar negativ. Sie sollten die Dinge einmal von der positiven Seite betrachten. Möglicherweise ist es erst die Begrenztheit der Zeit, die das Leben interessant und schön macht. Wenn wir herausbekämen, ob das wirklich so ist, hätten wir auch eine Erklärung dafür, warum die Schmetterlinge so herrlich bunt sind, obwohl sie ein extrem kurzes Leben haben, während wir ewig lebenden Zahlen so eintönig grau sind.»

Dieser Gedankensprung zu den Schmetterlingen war ein blendender Einfall, denn sie waren wegen ihrer beneidenswerten Farbenpracht und ihres anmutigen Fluges die Lieblingstiere aller Zahlen. Die Schmetterlingsforschung wurde in der Zahlenrepublik mehr als jede andere subventioniert, und die Vorstellung, daß ihre Lieblinge über das kurze Leben und den grausamen Tod offenbar nicht allzu traurig waren, mußte für alle Zahlen ein beruhigendes Gefühl sein. Wenn nun, wie Neun andeutete, die Menschen entgegen der bisherigen Annahme so glücklich wie die Schmetterlinge lebten, dann . . .

«Wenn man mir noch etwas Zeit gäbe, hohes Gericht, um mehr Informationen zu sammeln und meine Hypothese zu erhärten, so würde das zweifellos dem von unserem neuen Präsidenten, dem hochverehrten Professor 1000, verordneten Bildungsprogramm vollkommen neue, ja sensationelle Aspekte hinzufügen und dazu beitragen, die Ordnung und den Glauben wiederherzustellen, die ich ohne jede Absicht – das schwöre ich – gestört habe.»

Einen solchen Applaus hatte dieser Gerichtssaal noch nie zu hören bekommen. Der ganze Raum erzitterte vom ungestümen Getrampel und Geklatsche des Publikums, und wieder war der Kronleuchter in Gefahr herabzustürzen.

Der Richter läutete wie wild die Glocke, die Aufseher zischten aus voller Lunge: «Psssst, psssst!»

Der Staatsanwalt versuchte, den Lärm zu übertönen: «Sie, ausgerechnet Sie wollen dem Staat Wege weisen, wie die Ordnung wiederherzustellen, dem Volk sein Selbstvertrauen zurückzugeben sei?»

«Ja», antwortete Neun.

«Wollen Sie etwa auch dafür sorgen, daß die große Parade stattfinden kann?»

Neun zögerte einen Augenblick, dann sagte er: «Ich denke, ja.»

«Mit andern Worten: Sie wollen mit Hilfe Ihrer Menschenkenntnis herausfinden, welches die höchste und letzte aller Zahlen ist, damit erwiesen ist, daß wir alle noch vollzählig sind?»

«Ich glaube, daß ich bei der Lösung dieses wirklich sehr heiklen Problems behilflich sein kann.»

Richter 2020 mußte alle seine richterlichen Fähigkeiten zusammennehmen, um in diesem außergewöhnlichen Fall zu einem wenn auch nicht unfehlbaren, so doch wenigstens vertretbaren Urteil zu kommen. Zu seiner Ehre sei gesagt, daß er sich vor einem Justizirrtum noch mehr fürchtete als vor der Seuche des Zweifels.

«Na gut, Angeklagter Neun», entschied er, «ich gebe Ihnen eine Chance. Sie setzen bis auf weiteres Ihr Studium fort, aber nicht in der Öffentlichkeit, sondern in Ihrer Zelle, in Einzelhaft, bis Sie Ihr Versprechen eingelöst haben – oder für immer.»

Was habe ich ihnen da bloß versprochen, fragte sich Neun, erschrocken über seinen eigenen Mut. Es wurde ihm bewußt, daß er sich dabei ganz auf Elisabeth verlassen hatte, auf ein erneutes Treffen mit ihr und auf ihren Beistand. Es schien ihm, als könne nur sie die richtige Antwort auf die Fragen wissen, die es zu klären galt, um die Freiheit wiederzuerlangen. Doch würde er in der Lage sein, allein durch die Kraft seiner Gedanken die meterdicke Wand der Gefängniszelle beiseite zu schieben? Daran zweifelte er noch viel mehr als an seiner Unsterblichkeit.

«Jeder fünfte», schrieb die Zahlenpresse am nächsten Tag, «hat vor Rührung geweint, jeder vierte hat Neun für seine weiteren Forschungen Glück gewünscht, jeder dritte zweifelt nicht mehr so verzweifelt wie zuvor.»

13 Neun tritt seine Strafe an

Bevor Neun eingesperrt wurde, durfte er noch einmal nach Hause, um seine Sachen zu packen. Er suchte gerade die Bücher zusammen, die er in die Zelle mitnehmen wollte, als es läutete.

Vor der Tür standen drei ziemlich wilde Zahlentypen, die er noch nie gesehen hatte. Sie waren so groß, daß sie, nachdem er sie widerwillig hereingelassen hatte, das ganze Zimmer füllten.

«Ich bin 10333», sagte der kräftigste von ihnen, «und gehöre zu den Nonisten wie meine beiden Kameraden auch. Wir könnten Ihnen zur Flucht verhelfen oder Sie später aus dem Gefängnis befreien.»

Während sich Neun noch fragte, was «Nonisten» sein mochten, sah er, daß seine Besucher merkwürdige Knöpfe am Kragenaufschlag trugen. «Nonisten für Neun!» stand darauf und «Gleich ist ungleich!», «Leben ist Tod!», aber auch «Tod ist Leben!» und «Wir fordern die Sterblichkeit!». Offensichtlich waren diese drei Zahlen Mitglieder einer jener Gruppen von Radikalen, die nächtlich an geheimen Orten zusammentrafen und Gewaltakte gegen das Regime planten.

«Wir bewundern Sie, wir nennen uns Nonisten, weil Sie unser Idol sind. Wir werden dafür sorgen, daß Sie die nächste Wahl gewinnen», verkündete der, der sich 10333 nannte, und sein Kumpel fügte mit einem unsympathischen Unterton hinzu: «Vorausgesetzt, Sie haben das nötige Geld dazu. Fürs erste würden ein paar blaue Scheine reichen. Geben Sie einfach her, was Sie bei sich haben. Im Knast brauchen Sie ja nichts.»

Neun verstand nicht recht. «Und was wollen Sie mit dem Geld anfangen?»

«Das Volk von Ihrer Wichtigkeit für die ganze Nation überzeugen.»

Neun wußte nicht, ob er sich darüber freuen sollte. «Aber es darf auf keinen Fall mit Gewalt geschehen», erklärte er.

«Keine Bange, wir werden genau nach der Methode des Professors vorgehen. Wir werden ihn mit Worten schlagen.»

Neun wollte die zwielichtigen Gesellen so schnell wie möglich wieder loswerden. Er kramte in seiner Tasche nach ein paar Geldscheinen, drückte sie dem größten in die aufgehaltene Hand und sagte: «Besten Dank für euer Angebot. Ich werde bei Bedarf darauf zurückkommen. Auf Wiedersehen!»

Erst als sie fort waren, glaubte Neun in dem, der sich 10333 nannte, den frechen Karikaturisten wiedererkannt zu haben, dessen Zeichnung mit der Überschrift «Die Flucht der Redlichkeit» dem Witzblatt, das sie abdruckte, einen deftigen Rüffel von oben eingetragen hatte. Als Symbol der Redlichkeit war darauf eine Putzfrau mit weißem Kopftuch zu sehen, die beim Anblick des Professors Schrubber und Eimer von sich schleudernd das Weite sucht. Trotzdem verstand Neun nicht, was 10333 damit gemeint hatte, als er andeutete, daß sie den Professor «mit Worten» schlagen wollten.

Wie das zu schaffen wäre und warum sie ausgerechnet ihn, angeblich ihr Idol, so dreist um eine Geldspende für ihre Aktion angebettelt hatten, das war ihm schleierhaft. Vielleicht, dachte er, kann sich Sieben einen Vers drauf machen. Der kennt sich unter dem verrückten Künstlervolk besser aus.

Er begab sich ein Stockwerk tiefer zum Atelier seines Freundes, traf ihn jedoch nicht an.

«Sieben ist verhaftet worden», flüsterte die Nachbarin durch einen Türspalt. «Wegen des Schneepferdes. Die Polizei meint, es könne kein anderer gewesen sein, weil er mit Ihnen befreundet ist und sein ganzes Atelier voller Menschen aus Knetmasse war.»

Der Professor leitete die wöchentliche Pressekonferenz mit der Mitteilung ein, daß der Künstler Sieben und der Agitator Neun einen «unbefristeten Bildungsaufenthalt im Gefängnis» angetreten haben. Sie hätten dort alle Freiheit zu studieren und zu modellieren, geschmolzenen Schnee zu wälzen beziehungsweise die Probleme der Menschen – nur auf die Freiheit, abends nach Hause zu gehen, müßten sie verzichten. «Man kann eben nicht alles haben», lachte der Professor, und die Reporter schrieben eifrig mit. Er war stolz auf seine Idee, Neun mit seiner eigenen Philosophie zu schlagen: Der Menschenfreund würde für seine Forschungstätigkeit unbeschränkt viel Zeit haben, aber hinter Gittern – gleich wie das Menschengenie, das so gut wie alles wußte, aber angesichts des Todes nicht besonders viel damit anfangen konnte.

Am selben Morgen rollte der Gefängniswagen mit Sieben und Neun darin die Boulevards mit den blühenden Akazien und Lorbeerbäumen entlang aus Numeropolis hinaus und weiter, bis die Vegetation aufhörte und durch das winzige Gitterfenster nur noch massive graue Mauern zu sehen waren, die Mauern des Staatsgefängnisses, «die Burg» genannt. Neun erschien der riesige Bau wie der Fuß eines Elefanten, mitten in einen Kasernenhof einbetoniert.

Gefängnisdirektor 18, ein Intimus des Professors und führendes Mitglied der Gleichheitspartei, begrüßte die beiden Neuzugänge so ironisch, als wären sie zwei rückfällige Verbrecher. Dabei kannte er Neun, sie waren sogar miteinander verwandt. Aber er duzte den viel kleineren Vetter nicht aus Vertraulichkeit, sondern um ihn zu demütigen.

«Andere müssen bei uns zu viert in engen Löchern hausen, für dich haben wir auf Wunsch des Professors etwas Besseres reserviert. Du kriegst ein schallisoliertes Privatgemach.»

Beim Durchqueren der zahllosen Korridore gab er weitere Instruktionen: «Du darfst Fragen aufschreiben, die ein vom Professor ausgesuchter Experte beantworten wird. Mich wirst du nicht oft zu Gesicht bekommen. Ich mache gerade meinen Doktor in Strafvollzugslehre. Nach dem neuen Gesetz dürfen nur noch promovierte Wissenschaftler Gefängnisse leiten . . . Na, dann angenehmen Aufenthalt.»

Vor der für Sieben bestimmten Zelle verabschiedeten sich die Freunde voneinander mit «Halte durch!». Sehen konnte sie sich nicht mehr, so finster war es in den Gängen. Der für diesen Trakt verantwortliche Wärter 65 stolperte über etwas und fluchte: «Das nennt sich nun die aufgeklärteste Verbesserungsanstalt des Landes. Man tappt im Dunkeln.»

Wenigstens über der Tür zu Neuns Zelle brannte eine schwache Lampe, so daß der Häftling seinen Wärter erkennen konnte. Wenn er nicht eine Kette mit einer Vielzahl von Schlüsseln in der Hand gehalten hätte, wäre er Neun wie ein Leidensgenosse erschienen, der schon ungezählte Jahre abgesessen hatte, so zerlumpt war die Kleidung, so grau das Gesicht, so tonlos die Stimme.

In dem winzigen quadratischen Raum gab es nichts außer einer Pritsche, einer Ölfunzel und einem Steinbecken. Neun legte seine Bücher und das Schreibzeug auf den Boden. Er fühlte sich unerträglich allein, doch als er vom Gang her schauerliches Stöhnen und wütendes Schreien hörte, war er froh, eine Zelle für sich zu haben. Wie lange werde ich hier hausen müssen, fragte er sich. Wenn man wüßte, daß man nicht unsterblich ist, könnte man sich mit dieser Umgebung womöglich leichter abfinden. Es wäre ja nur auf Zeit, nicht auf Ewigkeit. Aber ob Elisabeth genauso denken würde? Er klopfte probeweise mit der Faust gegen die Wand. Sie machte nicht den Eindruck, als würde sie sich durch Gedankenkraft für ihn auftun. Neun bedauerte nicht so sehr die Trennung von der Außenwelt der Zahlenrepublik, sondern die Trennung von der Menschenwelt, von Elisabeth. Und er fühlte sich nicht von seinen Landsleuten im Stich gelassen, es quälte ihn mehr, daß sich Elisabeth von ihm im Stich gelassen fühlen konnte.

Er setzte sich auf die knarrende Pritsche, um die erste Frage zu formulieren, die er den Experten des Professors vorlegen wollte: «Warum sind auch Genies nur gewöhnliche Sterbliche?»

Schon am nächsten Tag betrat ein Philosoph seine Zelle. «Die Antwort lautet: Damit andere von dem, was ein Genie erfunden hat, profitieren können», sagte er und verschwand grußlos wieder. Neun hatte nicht einmal mehr Gelegenheit, danke schön zu sagen.

14 Zwei Kreuzworträtsel

In den folgenden Tagen überhäufte Neun das Expertenkomitee mit kniffligen Fragen aus den verschiedensten Bereichen, und keiner außer dem Fragesteller wußte so recht, inwiefern die Beantwortung zur Wiederherstellung der Ordnung in der Republik beitragen konnte. Um seinem Ruf treu zu bleiben, daß die Bildung den Vorrang vor allem anderen im Staat hatte, sah sich der Professor genötigt, Spezialisten der verschiedensten Fachrichtungen anzufordern. So ein Ruf war wie eine Auszeichnung und bedeutete Lohn für eine lange Zeit des Lernens von Fakten, die sonst nur bei Examen abgefragt wurden.

Inzwischen kursierten neue Gerüchte, warum die letzte Zahl sich noch immer nicht gemeldet hatte: aus Solidarität mit Neun, hieß es. Nur von ihm wollte sie sich entdecken lassen. Dann wieder hörte man die umgekehrte Version: aus Bosheit. Um Neun auf ewig im Gefängnis schmoren zu lassen, habe sich der Letzte so gut versteckt. Vielleicht handelte es sich bei dem Gesuchten aber auch um einen Zyniker, der sich über die entsetzliche Verunsicherung, die seine Unauffindbarkeit ausgelöst hatte, köstlich amüsierte.

Während die Zahlenbürger noch zwischen letzter Hoffnung und endgültiger Resignation schwankten, brachten die Zeitungen eine Meldung, die dem Publikum trotz der ernsten Situation eine angenehme Abwechslung ankündigte: Ein anonymer Anrufer hatte dem Professor mitgeteilt, daß er in der Lage sei, «den Letzten zu benennen» – gegen Zahlung von einer Million in bar für die Aktionskasse der «Nonisten».

Was ist eine Million, wenn es um Gedeih oder Verderb eines ganzen Staates geht! Professor 1000 hatte zähneknirschend zugesagt, die Summe wie gewünscht zu deponieren. Nachdem die Transaktion erfolgt war, erfuhr er von dem gleichen Anrufer, wie er die «bezahlte Ware» erhalten sollte. Keineswegs per Telefon oder Brief, sondern verschlüsselt in einem Kreuzworträtsel!

Jeder Bürger wußte, daß der Professor komplizierte Kreuzworträtsel liebte und jede Minute seiner Freizeit ihrer Lösung widmete, und überhaupt waren solche Rätsel, die jede Zeitung beinahe jeden Tag brachte, ein Volkshobby. Deshalb sollten, so wünschte der Unbekannte, alle Bürger mitraten können. Alle Samstagsausgaben der Zahlenpresse sollten das Rätsel veröffentlichen, und das gesuchte Wort für «eins waagerecht» würde die Bezeichnung für die letzte Zahl sein.

Natürlich machten die Zeitungen für die Nummer mit dem «Millionen-Rätsel» Riesenreklame, und jeder Rätselfreund stellte vorab Vermutungen über die Lösung an. Am Samstag abend standen die Bürger an den Kiosken Schlange; Gruppen von Rätselfanatikern stürmten sogar die Redaktionsgebäude und Auslieferungslager, um als erste an das Preisrätsel zu gelangen. Dabei gab es gar keinen Preis zu gewinnen. Mitzumachen war reine Ehrensache – im stillen malte sich freilich so mancher aus, die richtige Lösung als erster, ja als einziger zu finden und dafür mit der Ehrendoktorwürde ausgezeichnet zu werden.

Tatsächlich hieß es unter eins waagerecht: «Größte Zahl.» Elf Karos waren dafür auszufüllen, und die senkrechten Begriffe mußten die gesuchte Antwort ergeben. Unter dem Vorsitz des Professors machte sich in einer Nachtsitzung von nicht vorhersehbarer Dauer das nationale Expertenkomitee ans Werk, und in nahezu jedem bürgerlichen Wohnzimmer saß die Familie vollzählig versammelt über das Rätsel gebeugt. Auch im Fernsehen und im Radio wurde an der Auflösung gearbeitet, wie üblich im Rahmen einer Quiz-Show.

Soviel sah man auf den ersten Blick: Die Fragen waren vieldeutig und vor allem ausgesprochen provokant. Manche schmunzelten darüber, andere empfanden dies als Ärgernis. Aber was sollte den Nonisten schon anderes einfallen, als den Professor und seine Parteigänger tüchtig zu reizen, bevor sie ihm «das letzte Geheimnis» offenbarten?

Und dies waren die Nüsse, die zuvor zu knacken waren:

1 senkrecht: *Was der Professor gern sein würde.*
3 senkrecht: *Gegenteil eines Professors.*
4 senkrecht: *Was dem Professor im Magen liegt.*
6 senkrecht: *Zeitpunkt der großen Parade.*
7 senkrecht: *Maskottchen der Nonisten.*
9 senkrecht: *Die Gewißheit der Unsterblichkeit.*
10 senkrecht: *Zu bedauern oder nicht, das ist hier die Frage.*
11 senkrecht: *Irrtümliche Bezeichnung für das halbe Leben.*

Senkrecht 2, 5 und 8 gab es nicht. Die dadurch noch fehlenden Buchstaben mußten mit Hilfe der bereits ermittelten gefunden und dann alle miteinander zu einem sinnvollen Wort kombiniert werden.

Für geübte Kreuzworträtsler und für politisch interessierte Zeitungsleser stellte die Lösung kein allzu großes Problem dar. Der Oberstatistiker konnte später verlautbaren lassen, daß die Bürger im Durchschnitt nicht mehr als eine halbe Stunde gebraucht hatten, bis die obere Ecke des Rätsels ausgefüllt war, und der Rest war selbstredend nicht mehr von Interesse.

Der Professor trug die einzelnen Senkrecht-Buchstaben für die Wörter, die ihm die Experten nach und nach, manchmal triumphierend im Chor, manchmal zaghaft zuriefen, mit zornbebender Hand ein:

1 GENIE
3 ANALPHABET
4 NEUN

6 IRGENDWANN
7 SCHNEEPFERD
9 ILLUSION
10 MENSCH
11 ORDNUNG

Die dazwischen fehlenden Buchstaben waren unschwer zu erraten: R, D und S. Das gesuchte Millionen-Wort hieß demnach:

GRANDISSIMO

«Was, verdammt noch mal, sollen wir damit anfangen? Wofür haben wir eine Million ausgegeben?» schimpfte der Professor los, zerknüllte das Zeitungsblatt und schleuderte es zwischen die Experten, als seien sie an dem unbefriedigenden, ja lächerlichen Ergebnis schuld. Eine Weile wurde diskutiert, ob es eventuell doch eine andere Lösung geben könnte. Man probierte statt R, D und S alle anderen Buchstaben des Alphabets durch, suchte nach völlig anderen Antworten auf die Senkrecht-Fragen. Doch es blieb dabei: Die Nonisten hatten die größte und letzte Zahl einfach Grandissimo genannt. Das war ein unverschämter Witz, glatter Betrug, aber keine Lösung des Problems.

Das erkannten alle Bürger der Zahlenrepublik, die mitgeraten hatten und, der Statistik nach, zu 99 Prozent zum gleichen Resultat gekommen waren. So enttäuscht wie der Professor waren darüber allerdings nur wenige. Die meisten fanden, Grandissimo sei ein hübscher und durchaus passender Spitzname für die «Zahl aller Zahlen», und waren nur gespannt, wie der Professor auf dieses Ergebnis reagieren würde.

Nach reiflicher Überlegung und einem kräfteverzehrenden Langstreckenmarsch durch sein Arbeitszimmer faßte Präsident 1000 in den frühen Morgenstunden einen Entschluß, der im Grunde von vornherein festgestanden hatte, weil es gar keine andere Wahl gab: Er würde in der auf sieben Uhr anberaumten Pressekonferenz erklären, daß der in solidarischem Zusammenwirken des ganzen Zahlenvolkes gefundene Begriff «Grandissimo» den hohen Preis, den er gekostet hatte, voll und ganz rechtfertige. Man sei aufgrund dieses wertvollen Fingerzeigs der endgültigen Beilegung der nationalen Krise nahe, ja, man dürfe mit Fug und Recht sagen, daß sie bereits behoben sei. Weitere Einzelheiten mitzuteilen, würde zur Stunde jedoch der Sache schaden, wie sich jeder intelligente Zahlenbürger gewiß vorstellen könne ...

Die Reporter schrieben getreulich mit, die Mehrzahl der geraden Zahlen gab sich mit der offiziellen Erklärung des Präsidenten zufrieden, die ungeraden Zahlen aber dachten sich ihr Teil. Ohne daß es einer besonderen Aktion bedurfte, wurde das Lösungswort «Grandissimo» in den folgenden Tagen zum Losungswort für alle, die den Professor und seine Regierung für unfähig hielten und ihr alles andere als Unvergänglichkeit wünschten. Plötzlich waren Plakatwände, Hausfassaden und Trottoirs mit großen Gs bemalt. Keiner wollte es gewesen sein, doch jeder wußte, was es bedeutete. Wie wenige es mißbilligten, verschwieg der Oberstatistiker in seinem Wochenbericht. Es hätte Professor 1000 zu sehr gekränkt.

Nicht nur gekränkt, sondern einem Tobsuchtsanfall nahe war der Professor, als ihn wenige Tage später ein Anruf aus dem Schlaf riß und eine krächzende, offensichtlich verstellte Stimme ein weiteres Ratespiel vorschlug. Anderthalb Millionen sollte der Hinweis auf das Bauwerk kosten, das «Ihre Feinde, die Nonisten, in die Luft zu sprengen beabsichtigen».

«Fünf waagerecht im nächsten Samstagrätsel wird Ihnen die Örtlichkeit verraten.»

Obwohl der Professor und seine Berater sich darüber einig waren, daß es sich diesmal um einen lausigen Nachahmungstäter handelte, der die aufgeheizte Grandissimo-Stimmung und den Kreuzworträtsel-Fanatismus des Volks für eigene Zwecke auszunutzen trachtete, wurde die Drohung ernst genommen, die geforderte Summe auf dem gewünschten Weg gezahlt und die Öffentlichkeit zur Mithilfe auch bei der Lösung dieses brisanten Rätsels aufgefordert.

Die Frage fünf waagerecht lautete: «Verkürzt und verlängert zugleich.»

Die Antwort war viel schwieriger zu finden als «Grandissimo», denn diesmal leisteten dem gesuchten Wort mit sieben Buchstaben nur drei Senkrecht-Begriffe Hilfestellung, und die ergaben ein B am Anfang, ein E in der Mitte und ein weiteres E am Ende. Alles andere mußte die Kombinationsgabe leisten.

Nach vierundzwanzig Stunden war sich die ganze Zahlenrepublik, einschließlich des nationalen Expertenkomitees und der raffiniertesten Rätselfanatiker, darüber einig, daß es sich hier um das rätselhafteste Rätsel aller Zeiten handelte.

General 777* sagte: «So ein Wort wie das gesuchte gibt es gar nicht. Unter meiner Regierung wäre dafür nicht ein einziger Schein gezahlt worden. Man hat Sie ein zweites Mal gelinkt, Professor!»

«Und wie hätten Sie in Erfahrung gebracht, was die Nonisten oder dieser Kriminelle in die Luft zu sprengen beabsichtigt? Hätten Sie Ihre Leute vielleicht jedes Gebäude der Republik Tag und Nacht bewachen lassen – so lange, bis es passiert? Das hätte weit mehr als anderthalb Millionen gekostet!» verteidigte sich der Professor.

Schon am nächsten Tag erwies sich, daß keiner von beiden, weder der General noch der Professor, mit ihrer Auffassung recht hatten: Natürlich gab es das gesuchte Wort, es war nicht einmal außergewöhnlich. Und es hätte sich andererseits sehr wohl gelohnt, alle öffentlichen Bauten unter den Schutz des Militärs stellen zu lassen. Lange hätten die Soldaten nicht Wache stehen müssen. Die Explosion, die am Montag morgen Numeropolis erschütterte, schleuderte zwei Dutzend Einwohner, kleine und große Zahlen, die auf dem Weg zur Arbeit waren, wie Federbälle in die Luft. Es gab verstauchte Beine und eingedrückte Bäuche, aber selbstredend keine Toten. Der Schreck war das schlimmste und die zerstörte Straßenverbindung das teuerste.

Wenige Minuten später waren alle Telefonleitungen der Zeitungen und des Präsidialamtes besetzt, weil unzählige Zahlenbürger das richtige Lösungswort durchgeben wollten. Es hieß ohne jeden Zweifel: BRUECKE.

Millionen von Rätselfreunden schlugen sich vor den Kopf und waren wütend auf sich selbst, versanken in Depressionen vor lauter Scham, nicht rechtzeitig auf diese im Grunde einfache Lösung gekommen zu sein. Das Rätselvolk der Zahlen fühlte sich unsterblich blamiert. Viele Bürger hüllten sich in Schwarz, nicht aus Trauer über einen anderen, sondern über sich selbst. Sie wußten nicht, was nun geschehen solle.

Selbst dem Professor bereitete die Beantwortung dieser Frage größte Mühe.

15 Der Professor beschließt eine drastische Maßnahme

Die Psychiatrie war zu einem blühenden Geschäft geworden. Eine unfehlbare Therapie löste die andere ab. Keine Methode wurde wissenschaftlich widerlegt, sie kam einfach durch die nächste außer Mode. Sogar der berühmte Psychiater 20001 schien von der Bildfläche verschwunden zu sein, und niemand vermißte ihn, denn nichts war so uninteressant wie die Koryphäe vom letzten Monat.

Dafür machte eine völlig neue Berufsgruppe von sich reden, die Sozialarbeiter. Sie forderten, die großen und die kleinen Zahlen sollten ihren Besitz gerecht miteinander teilen, so daß alle Zahlen den gleichen Wert erhielten. Ein anderer, noch radikalerer Plan sah vor, das Zahlensystem auf den Kopf zu stellen, die hohen Zahlen regieren und die niedrigen dienen zu lassen. Die Sozialarbeiter sahen darin die Basis für eine bessere Republik, die Regierung den Anfang vom Ende der Zahlengesellschaft.

Um das totale Chaos abzuwenden, entschloß sich der Professor zu einer drastischen Maßnahme, die er unverzüglich verkünden wollte. Als er den Sitzungssaal betrat, war das Expertenkomitee gerade damit beschäftigt, eine neue, besondere knifflige Frage von Neun zu beantworten. Sie richtete sich an den Fachmann für Termiten.

8040 las von einem ausgefransten Zettel ab: «Wissen die Soldaten des Termitenvolks, daß die Mauer, die sie zu verteidigen haben, sich hinter ihnen verhärtet und sie damit aus der Zitadelle ihres Baus ausgeschlossen werden, so daß die Feinde sie leicht überwältigen können?»

Der Experte schüttelte bekümmert den Kopf. «Nein, das wissen die Termitensoldaten nicht. Sie merken es erst, wenn es für sie zu spät ist.»

«Und da wäre noch eine Frage», meldete sich 96, der Vierfach-Spezialist. «Neun möchte wissen, ob Nilpferde zu Wasser oder zu Lande sterben.»

«Schluß jetzt mit dem Unsinn! Die nächste Frage stelle ich», unterbrach der Professor. «Kann noch ein Zweifel daran bestehen, daß Neun uns nur zum besten hält? Ich sage: nein! Er will uns von der Tatsache ablenken, daß der Staat in höchster Gefahr ist. Aber ich habe ihn durchschaut und entschieden, daß wir uns seiner entledigen müssen. Es gibt keinen anderen Ausweg. Das Volk muß ihn vergessen wie die Mode der vergangenen Saison.»

Alle waren bestürzt. Schließlich hatte Neun mehr als hundert Experten zu unerwarteten Einnahmen und Ehren verholfen.

«Wir werden ihn so weit weg verbannen, daß sich seine Spur verliert wie die einer Sternschnuppe. Die Frage ist nur, wohin mit ihm? Auf den Grund des Meeres vielleicht?»

79 winkte ab. «Damit kann man Menschen strafen, aber keine Zahl. Sie würde immer wieder auftauchen.»

«Und mit einer dicken Eisschicht drüber?» Der Professor wollte zeigen, daß er über das Problem gründlich nachgedacht hatte.

«Wäre auf jeden Fall nicht verkehrt, aber wie füllen wir die Lücke im System, die er hinterläßt?»

Auch dafür wußte der Professor eine probate Lösung: «Die Zehn ist eine überaus loyale und patente Zahl. Sie wird die Funktion der Zahl unter sich ab sofort mitübernehmen.»

Die Experten wiegten bedenklich den Kopf, mochten dem Professor aber nicht widersprechen. Eine Zahl weniger würde das System vielleicht gerade noch verkraften können. Wenn allerdings mit der Zeit immer mehr solcher Verbannungen ausgesprochen würden und die Zahlenreihe immer löchriger würde . . . Andererseits könnte es eine lukrative zusätzliche Einnahme bedeuten, die Geschäfte – und das Vermögen! – der eliminierten Nachbarzahl übertragen zu bekommen. Also stimmten die Experten und Minister dem Plan des Professors zu.

Nur der General nicht. Er war sich seiner Aufgabe als Opposition im Kabinett bewußt und sah, wie alle Militärs, auf die Gebildeten auch dann herab, wenn sie ihn an Körpergröße überragten.

«Wenn Sie meinen, daß die Radikalen Ruhe geben und die Ordnung wiederhergestellt sein wird, sobald Neun unschädlich gemacht ist, sind Sie auf dem Holzweg. Die Gefahr geht nicht mehr von

Neun aus, sondern von den Nonisten und all den anderen Aufwieglern und Unzufriedenen. Ist ja auch kein Wunder, daß es soweit gekommen ist – unter meiner Regierung wäre das nicht . . .»

«Gewiß, gewiß», schnitt ihm Professor 1000 das Wort ab und erklärte die Sitzung für beendet.

«Bildung um jeden Preis, das muß ja schiefgehen!» murmelte der General und beschloß, den Staat auf seine Weise vor der Katastrophe zu bewahren. Und «seine Weise» war die militärische und strategische, nicht die ideologische und intellektuelle.

«Den Phantasten Neun auf den Grund des Meeres zu schicken und eine Eisplatte drüberzulegen, damit ist doch keine Schlacht gewonnen», erklärte er seinen höchsten Offizieren bei einer nächtlichen Generalstabsbesprechung, und alle nickten.

Dann machte er gegen den Bildungswahn und seine verdeckten Gefahren mobil: «Seid mißtrauisch gegenüber jedem Wort, das ihr nicht gleich versteht. Laßt euch nicht einreden, es gebe Zusammenhänge und Details, die ihr gar nicht zu verstehen braucht. Nur ich erteile ab sofort Befehle. Der neue Präsident ist offensichtlich unfähig, die von ihm selbst heraufbeschworene Krise zu meistern. Es gilt, dem Volk zu beweisen, daß das Zahlensystem vollkommen intakt ist, keine Zahl gestorben ist, kein Bürger fehlt – und was beschließt diese Experte der Irrationalität: eine Zahl zu eliminieren! Das ist doch, das ist . . . Mir fehlen die Worte!»

Das kannten die Offiziere schon. Sie verstanden

den General auch so. Ihre Degen pochten herausfordernd auf die Steinstufen, als sie die Treppe des Kasinogebäudes heruntergingen. Er klang, als wäre schon zum Angriff geblasen worden – worauf auch immer.

16 Die Entdeckung des Astronomen

Der Gefängnisdirektor hastete durch die Betonschluchten von Numeropolis. Er war zum Rapport beim Professor beordert worden und voller Vorfreude auf das Lob des Präsidenten, weil er alles nach Wunsch erledigt hatte. Im Vorzimmer salutierten die Geheimdienstchiffren und erließen der allseits bekannten 18 die Sicherheitskontrolle. Er betrat das Amtszimmer von 1000, das mehrere Ebenen hatte, auf deren höchste ihn der Protokollbeamte hinaufkomplimentierte. Es gab viele Wohnungen in der Hauptstadt, deren Räume an den Seiten über mehrere Galerien verfügten, damit größere und kleinere Zahlen sich miteinander unterhalten konnten, ohne zum Gesprächspartner von oben herabschauen oder hoch zu ihm hinaufschauen zu müssen.

Der Professor zog seine Krawatte nur eine Idee höher und fragte kurz: «Na, wie steht's?» Mit seinem alten Parteifreund brauchte er sich keinen Zwang aufzuerlegen.

«Der Befehl ist ausgeführt, die Burg geleert, nur Neun noch drin.»

«Gut! Morgen werden wir Neun expedieren.»

Mit einem Händedruck entließ der Professor den Gefängnisdirektor wieder, der sich von der Zusammenkunft mehr versprochen hatte, zum Beispiel einen neuen Posten. Schließlich war es ihm nicht leichtgefallen, alle Häftlinge zu entlassen – bis auf Neun, versteht sich. Und den sollte er morgen auch noch verlieren.

Wieder allein, ließ der Professor vor seinem geistigen Auge diejenigen Revue passieren, die er so unverhofft begnadigt hatte: Da war zunächst Sieben, der Künstler, den er damit gequält hatte, daß er ihn zwar mit Leinwand und Farben versorgen, die Zelle aber in absoluter Finsternis halten ließ. So blieben all die wunderbaren Gemälde, die Sieben im Kopf haben mochte, ungemalt. Bei seiner Entlassung mußte er unterschreiben, daß er künftig in seinen Werken die Idee der Unsterblichkeit versinnbildlichen würde.

Dann hatte 45 454 in der Burg eingesessen, der geschätzte Historiker, der plötzlich damit begonnen hatte, in seinen Vorträgen von der Endzeit zu reden, statt nur von der sogenannten «Elisabethanischen Phase des Zweifels», was an sich schon verwerflich genug und obendrein ganz unwissenschaftlich, weil unbewiesen war. Seine Kollegen und die Presse hatten ihm dafür den Spottnamen «der Pessimist» angehängt. Seine letzen Vorträge hatte er nur im allerkleinsten Kreis, nämlich in seiner Zelle gehalten und bei seiner Freilassung versprochen, die vom Professor mißbilligten Termini nicht mehr zu benutzen.

Mit weniger Genugtuung dachte 1000 an den Gefangenen 3017, den Astronomen. Er hatte eine Zelle im Turm der Burg erhalten und sein wichtigstes Arbeitsgerät, das Teleskop, mitnehmen dürfen. Der Turm hätte sich auch vortrefflich als Observatorium geeignet, nur hatte die Zelle kein Fenster. Während den Professor diese Vorstellung amüsierte, verdroß ihn immer noch der Anlaß, aus dem er den Astronomen eingesperrt hatte: Dieser war eines Tages mit einer Entdeckung an die Öffentlichkeit getreten, die ebenso absurd wie staatsgefährdend war, das Volk verwirrte und den Professor in Rage brachte. 3017 behauptete, als er bei einer nächtlichen Himmelsinspektion seine Geräte, also Teleskop und Spektrometer, rein zufällig auch ein Stück an der Horizontlinie entlang habe gleiten lassen, da seien dort im Mondlicht deutlich Ansammlungen nicht von neuen Sternen, sondern von neuen Zahlen im Visier aufgetaucht, Zahlen von bisher unbekannter Größe, wo vorher garantiert nichts als unbewohnte Ferne gewesen war. In der darauffolgenden Nacht hatte er sogar noch mehr Zahlen wahrgenommen, die Menge hatte sich in der kurzen Zeit beinahe verdoppelt.

Mit dem Ausruf «Am Horizont entstehen fortwährend mehr von uns!» war er in die Expertensitzung des Professors hineingeplatzt und hatte dort größte Bestürzung ausgelöst statt, wie von ihm erwartet, Glückwünsche einstecken können.

«Wenn Ihre Augen Sie nicht getäuscht, wenn Sie unsereins nicht mit einer Milchstraße oder ähnlichem verwechselt haben», konstatierte der Professor, «dann wird sich ein Grandissimo niemals ermitteln und – über eine solche astrale Entfernung – auch nie zu einer Parade heranschaffen lassen.»

«Mehr noch», ergänzte der Oberstatistiker, «wenn wir uns tatsächlich so rasant vermehren, wie der Astronom meint, ist der Zeitpunkt errechenbar, an dem das Terrain der Zahlenrepublik von Zahlen überflutet und kein Platz mehr für die Natur sein wird, bald auch keine Luft mehr zum Atmen. Wir werden uns gegenseitig erdrücken . . . Wenn Sie es wünschen, könnte ich schnell ausrechnen, in wie vielen Jahren das sein wird.»

«Nicht nötig», entgegnete der Professor, «wir werden es ja erleben, weil . . .»

Er biß sich auf die Lippen und vollendete den Satz nicht. Er hatte sagen wollen: «. . . weil wir bekanntlich unsterblich sind.» Aber ihm, dem habilitierten Logiker, war selbstverständlich in den Sinn gekommen, daß gegen eine solche verheerende Bevölkerungsexplosion, wie sie aufgrund der Entdekkung des Astronomen und der Voraussage des Statistikers zu erwarten war, nur eine kontinuierliche und drastische Verminderung der Zahlen helfen würde.

Daß eine ganz normale Sterblichkeit der Zahlen eine bequemere Lösung des Problems wäre als ihre gewaltsame Beseitigung, wagte der Professor weder sich selbst noch gar den anwesenden Experten einzugestehen. Er schüttelte heftig den Kopf, in der Hoffnung, diesen Alpdruck dadurch wieder loszuwerden, und sagte dann mit belegter Stimme, aber jedes Wort betonend: «Sie müssen sich geirrt haben, 3017. Lassen Sie Ihre Augen untersuchen, trinken Sie weniger, bevor Sie das nächste Mal durch das Teleskop spähen – und bilden Sie sich vor allem nicht ein, mit solchen Katastrophenmeldungen die Aufnahme in mein Expertenteam erzwingen zu können!»

Der Astronom wußte nicht, wie ihm geschah. Er wandte sich wortlos zur Tür. Doch draußen, in der kühlen Halle, fand er rasch seine Fassung wieder, und er rief so laut, daß es von den Wänden zweifach widerhallte: «Was ich gesehen habe, habe ich gesehen, und ich werde nicht schweigen!»

Am nächsten Tag saß er in der Turmzelle der Burg, drehte sein Teleskop in zitternden Händen und sah gar nichts mehr. Bei seiner Entlassung gelobte er, nur noch den Himmel zu beobachten, nie mehr den Horizont.

Die anderen, denen an diesem Tag die Freiheit zurückgegeben wurde, waren von geringerer Bedeutung. Sie hatten zumeist Verbrechen gegen den sprachlichen Ausdruck begangen. Mit zwangsweisem Auswendiglernen von Lehrbüchern der Grammatik und Stilkunde hatte der Professor ihre Haft verschärft. «Die Korrektheit beginnt mit der Beherrschung der Sprache!» war einer seiner Lieblingssätze. Er wollte ihn, sobald wieder Ruhe eingekehrt war, in das Credo der Zahlenrepublik aufnehmen lassen.

Schon jetzt sah er der weiteren Entwicklung etwas gelassener entgegen. Die von ihm begnadigten Unruhestifter hatten allesamt feierlich geschworen, keine Schwierigkeiten mehr zu machen, und Neun, der einzige Renitente, war, bei aller Unsterblichkeit, so gut wie tot.

17 Neun erfährt die Wahrheit

Noch immer hatte sich keine einzige Zahl von der Furcht vor dem Tode erholt. Den Gedanken, daß so viele Zahlen gewissermaßen seinetwegen leiden mußte, konnte Neun kaum ertragen. Immer von neuem ging er seine Notizen, seine Fragen und die Antworten, die er erhalten hatte, durch. Doch vergeblich. Nicht eine einzige überzeugende Grunderkenntnis über den wahren Status seiner Rasse, außer dieser über eine undefinierbare enge Beziehung zwischen Zahlen und Menschen.

Der Gefängniswärter 65 berichtete Neun über die zunehmende Zersetzung der Ordnung im Land, den infamen Mißbrauch des Kreuzworträtsels und die Zerstörung der Brücke. Neun schien es, als geriete auch der arme 65 immer mehr aus der Fassung.

«Ich bin kein geborener Gefängniswärter», klagte er. «Ich wußte nicht, daß es mir so schwerfallen würde, Sie hier eingesperrt zu halten. Ich hatte noch nie zuvor einen solchen Gefangenen. Gibt es negative Zahlen? Wenn ja, bin ich eine. Ständig muß ich nein sagen. Verflucht noch mal, ich hasse diesen Job!»

Während der folgenden Tage beruhigte er sich ein wenig, und das hatte er Neun zu verdanken, der sich, seitdem er über die Sterblichkeit nachdachte, mehr und mehr zu jenen hingezogen fühlte, die allein standen und mit ihrem Los unzufrieden waren. In der Häßlichkeit des Wärters entdeckte er verborgene Schönheit, die von tief innen den äußerlichen Zügen Glanz verlieh. Von dort kommt alle Schönheit, es gibt keine äußerliche, dachte Neun.

Der Wärter gestand ihm, daß er Musik liebte. Er führte ihn in einen geheimen Raum und zeigte auf ein altes Klavier, dessen Tasten an den Enden gelbbraun waren; sie sahen aus wie menschliche Zähne, die lange nicht geputzt worden waren.

Der Wärter setzte sich auf einen Hocker und begann Volkslieder zu spielen. Das Fortepedal quietschte laut, aber sie achteten nicht darauf.

Als 65 mit dem Spielen aufhörte, sagte Neun: «Das war wunderschön!»

Der Wärter lächelte: «Wenn ich mich doch im Leben so wenig verspielen würde wie auf dem Klavier . . .»

Dann kam die Meldung, daß die Burg bei Anbruch der Dunkelheit bis auf Neun geleert werden sollte.

«Was wird aus ihnen werden?» fragte Neun besorgt.

«Gar nichts mehr. Sie haben abgeschworen.»

Neun sagte: «Die Experten müssen meine Fragen weiterhin beantworten. Das haben sie zugesagt.»

«Ja», erwiderte der Wärter zögernd.

«Das Komitee muß mir, auch wenn sie mich an einen entfernteren Ort verbannen, Antworten schikken», wiederholte Neun.

Der Wärter sah ihn mitleidig an.

«Und was wird aus Ihnen?» fragte Neun.

«Ich habe beschlossen, bei Ihnen zu bleiben», sagte Wärter 65, «und bei meinem Klavier.» Dann fügte er, schwer schluckend, hinzu: «Ich habe noch nie jemanden wie Sie getroffen. Sie hören mir zu, und ich kann von Ihnen viel lernen.»

Am nächsten Morgen näherte sich mit Riesenschritten 22 000 000 000. Der unglaublich große Spediteur fummelte in seinen Taschen herum und zog eine Karte hervor, die viel größer als Numeropolis war. Als er einen Blick darauf warf, sagte er zu sich selbst: «Der Professor sagte, es sei ungefähr hier.»

Er starrte hinunter in den Sand. «Ich muß auf die Hauptstadt achtgeben, ich darf sie unter keinen Umständen zertreten.» Nach ein paar weiteren Schritten nahm er eine dicke Lupe zur Hand, bückte sich tief hinunter und überprüfte die Landschaft auf Einzelheiten. «Der Professor sagte, der Virus, der all diese Zweifel ausgelöst hat, muß hier irgendwo stecken, in einer grauen Hülse. Na, da ist er ja!» sagte er zu sich selbst und pflückte die Burg mit einer Pinzette ab. Nachdem er sie sicher im Griff hatte, eilte er von dannen und stieg an einer Haltestelle auf ein Tragbrett, das von einer noch viel größeren Zahl getragen wurde.

Für Neun und den Wärter hörte es sich wie ein Erdbeben an. Felsblöcke brachen unter ihnen entzwei, mit mächtigen Greifarmen wurde das Gefängnis aus seinem Fundament gerissen und emporgehoben.

«Wir werden entführt!» schrie 65.

Weiter und weiter, höher und höher wurden sie von immer größeren Zahlen getragen. Noch in der Nacht ging es weiter hinein in die unendlichen Weiten des Alls.

Während des Fluges hörte Neun dem Wärter zu, der ihm seine Geschichte erzählte. «Ich wäre Lehrer geworden, aber ich bin allergisch gegen Kreide.» Er berichtete auch von einem Traum, den er einmal geträumt und nie vergessen hatte. «Da war ein schreiender Vogel zielstrebig mit einer riesigen Rechnung hinter mir her.»

Neun erzählte ihm von dem Sterblichkeitsproblem, vom ungelösten Rätsel der Beziehung zwischen Menschen und Zahlen und von seinen Besuchen bei Elisabeth.

Später sagte 65 einmal: «Mein Gott, wir sind schon hinter der Sonne. Kein Wunder, daß es so dunkel ist.»

Nach einigen Stunden flutete grellweißes Licht in die Burg, so daß jede Spinnwebe einen nie zuvor erlebten gleißenden Anblick bot.

«Wir sind gelandet. Und jetzt?» fragte Neun.

Da bemerkten sie auch schon, daß die Burg zwischen Eisbergen versank.

«Schnell raus hier», rief der Wärter. So schnell sie

konnten, liefen sie die glatten Steintreppen hinunter und hinauf auf ein Schneefeld.

Als sie zurückblickten, konnten sie gerade noch sehen, wie die Burg im Meer unterging. Die Gänge und Türmchen waren schon verschwunden. Jetzt versank der Hauptturm wie das Sehrohr eines U-Bootes.

Da standen die beiden nun in der weißen Wüstenei. In dem blendenden Licht konnten sie nicht einmal den riesigen Träger sehen, der davonstapfte, zufrieden, seine Befehle ausgeführt und sie an einem Ort zurückgelassen zu haben, den niemand jemals wiederfinden würde.

«So hatte ich mir meinen Verbannungsort nicht vorgestellt», sagte Neun.

«Was haben Sie erwartet? Ein Schloß im Grünen?» Der Wärter schnitt eilig seinen gefrorenen Arbeitsanzug mit einem Messer auf. Als die Kleidung im Wind forttrieb, sah es aus, als flögen zwei halbe Zahlen davon.

«In welche Richtung gehen wir?» fragte Neun.

Der Wärter lachte, als sei das eine naive Frage. «Die Richtung ist gleichgültig», versuchte er das Heulen des Sturms zu übertönen. «Hauptsache, wir frieren nicht fest.» Am Tag zuvor noch schien er mehr außer Fassung, weil er mit seinem Dasein als Wärter haderte. Jetzt, ausgesetzt in einer weißen Wüste, überkam ihn Gelassenheit. «Gehen wir», sagte er. «Heißt es nicht: Der Weg ist das Ziel?»

«Aber angenommen, wir laufen in unser Verderben?» wandte Neun ein.

«Hahaha!» lachte der Wärter.

«Was ist daran so lustig?»

«Wie können zwei unsterbliche Zahlen ins Verderben laufen? Wenn es nicht die richtige Richtung ist, kehren wir wieder um und gehen doppelt so weit in die andere Richtung.»

Schweigend bahnten sie sich ihren Weg durch den glitzernden Schnee bis zu einem hohen Kliff. Neun wollte das Hindernis umgehen.

«Nein, das hätte keinen Sinn», warnte ihn der Wärter. «Wir müssen den Kurs halten.»

Während des Anstiegs dachte Neun mit Sorge daran, daß sie den ganzen Weg vielleicht wieder zurückgehen müßten, um dann auch in einer anderen Richtung vergeblich nach einer zivilisierten Gegend zu suchen. Einen Augenblick lang fand er Trost bei dem Gedanken an die Unsterblichkeit. Sie garantierte, daß sie irgendwann einmal eine Stadt erreichen würden. Aber was, wenn wir sterblich wären, dachte er. Mutig gelobte er sich, auch dann nicht das Heil in der Unsterblichkeit zu sehen, sondern dieses furchtbare Abenteuer durchzustehen, als wäre er sterblich.

Unter sich hörten sie das schreckliche Krachen von Eisschollen, die ins Meer stürzten. Sie gingen unbeirrt weiter. Neun war froh, den Wärter neben sich zu wissen. Der Gedanke, daß er diese furchtbare Reise möglicherweise hätte allein antreten müssen, entsetzte ihn. Mit einem Blick auf den Wärter stellte er fest, daß 65 gut in Form, ja beinahe zufrieden wirkte.

«Ich bewundere Sie», gestand ihm Neun.

«Was soll's! Ich hatte eine Menge guter Chancen im Leben. Tatsächlich, ich kann mich nicht beklagen, denn immerhin kann ich Klavier spielen.»

Und weiter gingen sie. Manchmal sah der Wärter wie eine Schneesäule aus.

«Wie lange müssen wir noch laufen?» fragte sich Neun laut.

«Weiß ich nicht», erwiderte der Wärter. «Keine Ahnung. Und wenn ich's wüßte, würde ich es nicht wissen wollen.»

Neun war beschämt. Er wollte sich gerade entschuldigen, als das Krachen des Eises lauter wurde und er den Halt verlor. Im selben Augenblick wurde er, wie von seiner Willenskraft, plötzlich emporgehoben. Er spürte, wie die riesige weiße Fläche unter ihm zurückwich, und vernahm seltsame, rhythmisch stampfende Geräusche, ähnlich dem Donnern von Pferdehufen.

Gleich darauf überflog er einen riesigen blauen Ozean, den er nie zuvor gesehen hatte. Dann erblickte er in der Ferne ein Ufer, sanfte grüne Hügel, zwischen ihnen eine Stadt. Es mußte dieselbe Erde der Menschen sein, die er schon zweimal besucht hatte. Die Natur stand in voller Blüte, und er trieb im leisen Wind auf ein stattliches Gebäude zu, dessen hohe Portale hübsche Verzierungen trugen. In einem schmucklosen Arbeitsraum saß eine Frau an einem Pult . . .

Neun erkannte Elisabeth sofort wieder – trotz allem. Ihr Haar war streng nach hinten gekämmt, ihre Nase schien noch stärker vorzustehen als früher. Falten hatten sich in ihre Wangen eingegraben. Sie sah aus wie eine Karikatur ihres Jugendbildes.

«Elisabeth!» sagte er.

«Ich freue mich, dich zu sehen», erwiderte sie ohne jedes Zeichen von Überraschung. Ihre Stimme war tiefer geworden. «Ich habe oft an dich gedacht», sagte sie.

«Du bist berühmt!» stellte Neun fest. «Du hast den Nobelpreis erhalten. Ich bin sehr stolz auf dich!» Er fragte sich nicht, woher er dies alles auf einmal wußte – er wußte es einfach.

«Danke.»

«Erzähl mir, wie ... wie du ... wie die Leute auf dich aufmerksam wurden.»

Es überraschte sie, daß er davon wußte. Aber von Mathematik und den Theorien, die sie nun zu erläutern begann, verstand er nichts. Dennoch strahlte er, während sie über Palindrom-Funktionen sprach. Als sie mit ihrem Bericht fertig war, sagte er: «Ich bin so froh, bei dir zu sein.» Dann wurde er sehr ernst: «Elisabeth, wir haben ein gravierendes Problem, und wir brauchen deine Hilfe.»

Sie schien verwundert, aber für ein Genie bedeutet ein Problem ein Geschenk, und sie sagte: «Ich will sehen, was ich tun kann. Um was geht es?»

Das war für ihn das Stichwort, ihr alles über die Zahlenrepublik zu erzählen, was er wußte. Staunend hörte sie ihm zu. Er erwähnte auch den Ärger, den er bekam, nachdem er sie zum ersten Mal besucht hatte, und sprach über die Seuche des Zweifels, die ausbrach, weil die Zahlen plötzlich fürchteten, sterben zu müssen. Als er auf die Suche nach Grandissimo zu sprechen kam, lachte sie. Das verwirrte ihn.

«Das ist doch die entscheidende Frage: Wer von uns ist der Letzte?» stammelte Neun. «Ich meine, welches ist die letzte, höchste Zahl?»

«Es gibt keine letzte», sagte Elisabeth, ohne zu überlegen.

«Es gibt keine?» Er war erstaunt, daß sie sich dessen so sicher war.

«Nein, es gibt keine.» Wieder lachte sie.

«Aber . . . aber wie sollen wir dann eine Vollzähligkeitsparade veranstalten?»

«Oh, ihr kommt auch ohne die höchste Zahl zurecht, genausogut wie wir.»

Diese Antwort hatte er nicht erwartet. Wie schwer war es doch, ein Genie zu verstehen!

«Weißt du», versuchte sie ihm zu erklären, «wir Menschen schaffen euch, wie wir euch brauchen. Eine höchste Zahl ist nicht denkbar, weil man jederzeit eine noch höhere schaffen kann.»

Er verstand noch immer nicht.

«Nehmen wir an, die Million wäre bis jetzt die höchste Zahl. Nun, eine Million und eins ist schon etwas mehr. Wir können zu jeder Zahl immer noch eins addieren, das ist es.»

«Keine letzte Zahl!» Er konnte es nicht fassen.

«Wir schaffen euch, wie wir euch brauchen», wiederholte sie.

«Unglaublich!» sagte er. «Keiner von uns ist bisher auf diese Idee gekommen. Ihr macht mehr von uns, wie es euch beliebt?»

«Ja.»

«Aber wo führt das hin? Wir sind doch unsterblich!»

«Wer sagt das?» Sie lehnte sich zurück.

«Etwa nicht?»

«Nein, Neun.» Sie wurde sehr sanft, weil sie wußte, welch enorme Bedeutung ihre nächsten Worte für ihn haben würden. «Du und die anderen Zahlen, ihr habt eine falsche Vorstellung.» Sie macht eine Pause, bevor sie fortfuhr: «Ihr werdet sterben, Neun.»

Hatte er richtig gehört? «Wie bitte? Auch ich? Eine der ersten Zahlen? Bist du sicher?»

«Ganz sicher. Ihr seid von Menschen geschaffen, unser Produkt, wenn auch ein sehr wichtiges.»

«Und ich dachte – wir alle dachten, es wäre genau umgekehrt.»

«Glaub mir, Neun, ihr existiert nur in den Köpfen der Menschen. Zwar seid ihr das Maß für alles, was meßbar ist, und wir können ohne euch nicht auskommen, doch wenn die Menschheit ausstirbt, irgendwann in der Zukunft, werdet ihr mit uns sterben.»

«Aber es hat noch nie eine tote Zahl gegeben.»

«Ich weiß», sagte sie mild, denn sie wußte, wie schwer es für ihn war, diese Lektion zu lernen. Aus eigener Erfahrung wußte sie, daß es niemandem leichtfällt, den Tod zu akzeptieren. «Sieh mal, wenn keine Menschen mehr da sind, habt ihr keine Funktion mehr», fuhr sie fort. «Wenn der letzte von uns stirbt, sterbt ihr alle gemeinsam mit ihm.»

Da wurde ihm plötzlich alles klar. Kein Wunder, daß er dieses merkwürdige Gefühl gehabt hatte, Zahlen könnten empfinden wie Menschen und sterblich sein wie sie. Also war es nicht nur eine fixe Idee gewesen. Im selben Augenblick erkannte er auch, daß Liebe nur aus dem Bewußtsein der Sterblichkeit möglich war. «Liebst du mich, Elisabeth?» fragte er sie.

«Ja, Neun», antwortete sie spontan, «du bist meine Lieblingszahl.»

Und er wußte, daß es stimmte, jetzt, da es möglich war zu lieben. Dann mußte er an die anderen denken, die alle eines Tages sterben mußten, vor allem an die Riesen, die dann überall reglos herumlägen. Die Zeit würde kommen, auch wenn sie noch weit entfernt war.

«Ich muß sie darauf vorbereiten», sagte er zu Elisabeth, und sie nickte.

«Kein Grandissimo! Wir müssen sterben!» rief er. «Das sind unglaubliche Neuigkeiten! Werde ich dich wiedersehen?»

«Das hoffe ich», antwortete sie.

Sterblich, dachte er, sterblich! Ich werde tatsächlich sterben, meine Zeit ist begrenzt und daher wertvoll. Meine Forschungen waren also doch nicht umsonst.

Mit unglaublicher Geschwindigkeit flog er zurück. Er konnte es nicht erwarten, seine Mitbürgern zu verkünden, daß sie zwar nicht unsterblich seien, ihr Leben aber gerade dadurch von Sinn erfüllt. Wenn sie eine Parade veranstalten wollten, konnten sie es tun und mußten nicht mehr auf den Letzten warten. Man sollte sich wirklich beeilen. Wenn überhaupt noch eine Parade, dann am besten sofort. Das wollte er ihnen sagen. Aber wie? Nach einem Besuch bei Elisabeth war er immer zu seinem Ausgangspunkt, seiner Wohnung, zurückgekehrt, aber diesmal, das wußte er, war er hoffnungslos verloren, falls er zurück ins ewige Eis mußte.

Auf dem Rückweg sah die Dämmerung so wunderschön aus, wie er sie noch nie erlebt hatte. Zu seiner freudigen Überraschung überquerte er heimatliche Gefilde. Er erkannte tief unter sich die großen Gebäude von Numeropolis. Niemand würde ihn von dort unten sehen, er war zu klein und zu schnell.

Dann erblickte er mit Schrecken tief unter sich Riesen. Einige weinten, andere standen apathisch herum. Außerhalb der Städte entdeckte er Läufer mit ihren Tragbrettern, die sich offensichtlich verirrt hatten, sie liefen in Ellipsen, einige wie berauscht. Offensichtlich grassierte die Seuche des Zweifels unverändert heftig.

«Haltet aus!» rief Neun seinen Landsleuten durch die Lüfte entgegen, um ihnen Mut zu machen. «Bald werdet ihr erfahren, daß euer Leben kostbarer und schöner ist, als ihr es euch jemals vorgestellt habt. Wartet nur, ich werde es euch genau erklären.»

18 Panik

Neun war so sehr mit seiner Botschaft beschäftigt, daß er nicht bemerkte, wie die Städte unter ihm wieder verschwanden. Als er das nächste Mal hinunterblickte, breitete sich nur noch eine weiße Fläche unter ihm aus. Dann konnte er Umrisse und Schatten entdecken, die vorher nicht dort gewesen waren. Von der Sonne erwärmt, brach die große Eisfläche auseinander. Gegen die neuen Erkenntnisse, die er von Elisabeth mitbrachte, war das wundersame Aufbrechen des Eises indessen ein unbedeutendes Ereignis. Was er zu berichten hatte, würde lauter klingen als das Getöse, selbst wenn das gesamte Eis des Universums auf einmal brechen würde.

Plötzlich sah er unter sich den Wächter 65, wie er über ein Netz von Klüften vorwärts stolperte, die sich vor ihm auftaten. Trotz des Labyrinths aus Winkeln und Linien hatte er sich an ihre gemeinsame ursprüngliche Route gehalten. Von hier oben konnte Neun es gut erkennen. Er bewunderte 65 noch mehr als zuvor und war begierig, ihm die Neuigkeiten mitzuteilen.

«Ich habe die Antworten bekommen, die mir

fehlten. Ich habe Elisabeth wiedergesehen!» rief Neun ihm entgegen.

«Wirklich?» fragte der Wärter. «Ich habe gar nicht bemerkt, daß Sie fort waren.»

Er überquerte eine schneebedeckte Schlucht, und jetzt lief Neun neben ihm.

«Wir müssen uns beeilen!» drängte Neun. «Wenn ich es ihnen rechtzeitig sage, kann ich sie retten – damit sie noch etwas von ihrem Leben haben, bevor es zu spät ist. Schnell, wir müssen zurück.»

«Ich weiß nicht, wovon Sie reden», sagte 65.

«Ich war wieder bei ihr. Sie hat mich in das Geheimnis des Lebens eingeweiht. Jetzt kenne ich es.» Er wiederholte für seinen Freund und Wärter alles, was Elisabeth ihm gesagt hatte. Es war die Generalprobe der großen offiziellen Verkündigung, die noch vor ihm lag.

«Soso», meinte 65 schließlich, «ist ja interessant.» Die riesige Höhle, die sie betreten hatten, warf das Echo seiner Worte zurück. Wie unbedeutend und kurzlebig waren doch die beiden kleinen Zahlen zwischen den Stalagmiten und Stalaktiten, die der Höhle das Aussehen eines riesigen Maules gaben, das sie hätte zermalmen können, wenn es beweglich und sterblich gewesen wäre wie sie.

«Das erklärt vieles», sagte der Wärter.

«Was?»

«Na ja, ich habe gerade zurückgeschaut. Und da hatte ich wieder diese Vision. Auf der weißen Eisfläche konnte ich diesen schreienden, zielstrebigen

Vogel mit der riesigen Rechnung hinter mir herjagen sehen. Jetzt weiß ich, was es ist: Es ist der Tod.»

Zum ersten Mal, seit er ihn kannte, sah Neun Trauer in den Augen des Wärters.

«Wir müssen uns beeilen. Ich muß es ihnen mitteilen.»

«Gut», sagte der Wärter. «Diese Eisscholle da treibt genau auf uns zu. Sehen wir zu, daß wir draufkommen.»

Schnell kletterten sie hinauf, und zu ihrer Freude behielt sie ihre Richtung in dem reißenden Strom bei. Neun kam es so vor, als sei es der Strom der Zeit.

Der Professor sprach auf einer Pressekonferenz in einen Wald von Mikrophonen: «Wir haben Neun aus der Republik ausgeschlossen. Diese unsere Verfügung ist unabänderlich.»

«Wer wird als nächster verbannt werden?» wollten die Reporter wissen.

«Niemand. Ich verspreche Ihnen, daß nur Neun für immer eliminiert wurde, und ich möchte hier und jetzt feststellen, daß unsere Republik nicht darunter leiden wird. Zehn hat sich bereit erklärt, für Neun einzuspringen.»

«Glauben Sie, daß Sie Grandissimo jemals finden werden?»

Eine Idee zu schnell kam die Antwort des Professors: «Ja. Und zwar noch während meiner Amtszeit. Das garantiere ich Ihnen.»

Zur gleichen Stunde stürzte 86, der Oberbibliothekar, durch die Marmorhallen des Archivs der Stadt. Er war jemand, der seine Weste und Jacke auch im heißesten Sommer nicht auszog und dem es nie in den Sinn kommen würde, mit geöffnetem Hemdknopf oder gelöster Krawatte herumzulaufen. Seine Pedanterie ging so weit, daß er hysterisch wurde, wenn eine Karteikarte umgekehrt im Stapel steckte. Man kann sich vorstellen, wie er reagierte, als er feststellte, daß nicht nur eine, sondern zwei Zahlen, Neun und 65, nicht auffindbar waren.

86 stürmte durch das Gebäude und gab die Vermißtenmeldung nach allen Seiten bekannt. Bibliothekare, die man schon seit Ewigkeiten nicht mehr gesehen hatte, kamen hinter ihren Aktenbergen hervor, Zahlenmaler kletterten von ihren Leitern, um die beiden leeren Zeilen anzustarren.

Sobald der Anruf aus dem Archiv eingegangen war, überreichte man dem Professor einen Zettel. Dieser unterbrach seine Pressekonferenz sofort, um die Nachricht zu lesen, und ohne die Folgen zu bedenken, teilte er den Versammelten sogleich mit: «Der Wärter 65 ist auch weg.»

«Und wo ist 65?» Die Fragen der Reporter gingen beinahe im Tumult unter.

«Vermutlich bei Neun, seinem bisherigen Häftling.» Nur unter Aufbietung aller Kräfte brachte der Professor ein künstliches Lächeln zustande.

«Und wo genau befindet sich Neun?»

«Staatsgeheimnis.»

«Sie haben uns zugesagt, daß niemals ein anderer als Neun verbannt würde!»

Zu allem Überfluß sah der Professor nun auch noch 3017, den Astronomen, vor sich stehen. Trotz seines Versprechens zu schweigen trieb ihn seine unbezwingbare Wahrheitsliebe her. Noch bevor 3017 zum Mikrophon griff und hineinzusprechen begann, ahnte der Professor, was kommen würde.

«Lassen Sie mich Ihnen etwas sagen», rief der Astronom erregt den Reportern zu, die solche Zwischenfälle liebten und ganz Ohr waren. «Wir werden Grandissimo niemals finden. Er existiert gar nicht. Es entstehen immer mehr von uns. Wir vermehren uns ohne unser Zutun. Unbegrenzt! Wie Unkraut! Wir haben das nicht unter Kontrolle.»

Die Wirkung dieser Worte war verheerend, so wie eine Massenbankrottmeldung, die einen Börsenzusammenbruch auslöst. Alles schrie durcheinander. Die Glocke des Präsidenten vermochte nichts auszurichten.

«Wie wird es nun weitergehen?» wollte ein naiver Journalist wissen.

«Gar nicht, du Idiot!» kam die Antwort aus der Menge.

«Wann werden Sie die Lage wieder unter Kontrolle haben, Professor?»

«Nie!» wurde höhnisch prophezeit.

«Und was ist dagegen zu tun?»

«Überhaupt nichts! Verstehst du denn nicht? Wir sind erledigt, allesamt!»

«Nur wegen der verdammten Unsterblichkeit. Die unaufhaltsame Vermehrung ist unser Untergang!»

«Aber wie, wenn niemand von uns stirbt?»

«Sterblichkeit – das wäre die einzige vernünftige Lösung!»

«Aber wie stirbt man? Wie läßt sich das bewerkstelligen?»

Niemand hörte auf den Professor. Er sagte auch gar nichts mehr, saß nur da und hielt sich mit beiden Händen am Konferenztisch fest. Die Minister und Experten schüttelten wenigstens den Kopf. Der Astronom zuckte die Achseln. Einen Tumult verursachen, das hatte er nicht gewollt.

Die Reporter drängten jetzt zur Tür und auf die Straße. Jeder wollte die Neuigkeit als erster verkünden, nicht gedruckt, sondern gleich lauthals in die Menge hinein. Wie eine Revolution ausgerufen wird.

Eine Stunde später wußten es alle, nur erklären konnte es keiner. Man rief «Nieder mit der Unsterblichkeit!» und «Es lebe der Tod!», suchte aber gleichzeitig dem Tod zu entkommen und der Unsterblichkeit hinterherzulaufen. Wie eine aufgescheuchte Hammelherde lief das Volk zur Stadt hinaus in die freie Natur, weil dort für den Augenblick noch genug Platz zu sein schien, während die Hauptstadt, wie man glaubte, als erstes «drankommen» würde. Viele trugen dicke Lederpolster zum Schutz gegen die rücksichtslosen Tritte der größeren Zahlen, die sich eigens schwere Arbeitsschuhe angezogen hatten, um besser über die langsamen unteren Tausend hinwegklettern zu können. Die Privilegierten glaubten, daß mit beschwörenden Rufen wie «Ich appelliere an Ihre Vernunft!» der rasende Massenexodus vielleicht aufzuhalten wäre. Doch die wütende Antwort des Zahlenplebs war: «Was wollt ihr noch? Das Chaos ist ausgebrochen!»

Wer die in panischem Entsetzen querfeldein stürmende Menge mit strategischem Blick betrachtete, mußte annehmen, die Armee sei ausgeschwärmt, um das ausgebrochene Chaos wieder einzufangen. Doch der General wußte sehr wohl, daß er seinen Truppen weniger aussichtslose Ziele stecken mußte, damit sie ihm nicht auch noch davonliefen. Er ließ sie konzentriert nach den beiden vermißten Zahlen suchen. Sein Tagesbefehl endete mit der üblichen Formel: «Ich weiß, daß ich mich auf euch verlassen kann.» Ganz so sicher wie bisher war er sich dessen allerdings nicht mehr.

Die Soldaten wunderten sich, warum sie Skiausrüstung und Taucheranzüge, Eispickel und Sauerstoffmasken, Lawinensonden und die Hundestaffel mitnehmen sollten, bis sie erfuhren, daß es darum ging, im Eismeergebiet der Squillionen-Provinz nach einer versunkenen Burg zu suchen.

Der General dachte bei sich: Zumindest ist es da draußen so kalt, daß ich einen kühlen Kopf behalten werde, selbst wenn ich fuchsteufelswild bin. Dann wandte er sich noch einmal an seine Armee: «Und wenn ihr in eine Gletscherspalte stürzt, denkt dran: Nichts hält ewig, nicht einmal das ewige Eis.»

Es sollte ein Trostwort sein. Doch die Soldaten, verunsichert durch all die Ewigkeits- und Sterblichkeitsparolen, dachten wie eh und je: «Wenn's einen trifft, trifft's einen.»

19 Numeropolis in Schutt und Asche

Während sie so auf ihrer Eisscholle durch die Nacht trieben, konnten Neun und der Wärter ringsherum nichts erkennen. Nur einmal deutete 65 auf einen Eisberg, der weiß im Mondlicht glitzerte. Aber gegen Morgen konnten sie Konturen unterscheiden, Nebel, der um einen Berg wogte, kahle Bäume, die der Kälte trotzten. Dann entdeckte Neun einen Delphin, der zu ihnen hochschaute und quiekte. Er fühlte sich diesem heiteren Wesen irgendwie verwandt, so wie er es niemals zuvor bei einem Tier gespürt hatte – und warum? Weil sie beide sterblich waren.

Alle Dinge erschienen ihm jetzt von größerer Bedeutung. Die kleinsten Eindrücke besaßen Seltenheitswert und erweckten wunderbare Traurigkeit. Neun fragte den Wärter: «Fürchten Sie den Tod?»

«Warum? Er ist doch eine vernünftige Einrichtung», entgegnete 65.

Nachdem Neun ihm noch ein paar weitere Fragen gestellt hatte, erklärte ihm 65 freundlich: «Sie werden lernen müssen, daß nicht alle Fragen in der begrenzten Zeitspanne, die uns zur Verfügung steht, beantwortet werden können.» Dann fielen sie in Schweigen und suchten das ferne Ufer nach einem Zeichen von Leben ab.

Sie entdeckten jedoch nichts. Bei Anbruch der zweiten Nacht hatte sich das Wasser offenbar etwas erwärmt, denn ihre Eisscholle war nur noch halb so groß wie am Anfang. Als sie bei Sonnenaufgang mit einem Ruck auf Grund liefen, hatten sie eine steile Felsenküste vor sich. Sie kletterten hinauf, der Wärter sogar noch auf eine hohe Zeder und rief von dort: «Hurra, wir sind gerettet!»

In einer geschützten Talmulde sah er so etwas wie eine Zeltburg, um deren Lagerfeuer er die Umrisse von geschäftig hin und her laufenden Zahlen ausmachte. Neben dem Lager ragte eine riesige Orientierungsstange in die Höhe, damit größere Zahlen es beachteten und nicht zertrampelten. Es war offensichtlich ein Suchtrupp, der hier Rast machte.

Als Neun und 65 eintrafen, kamen alle aus ihren Zelten und tanzten jubelnd um die Vermißten herum. Dann erschien der General persönlich und war hoch erfreut. «Habe ich es nicht gesagt, daß sie zusammen sind», sagte er zu einem Leutnant. «Jetzt sind wir wieder vollzählig – auch ohne den treulosen Grandissimo.»

Einige der Soldaten berichteten von dem Chaos in der Republik, über die Weigerung der Bürger, ihrer Arbeit nachzugehen, ohne Genaueres über ihre Zukunft erfahren zu haben. Neun und der Wärter hörten staunend zu.

Dann trat der General hinzu und befahl: «Jetzt aber nichts wie zurück in die Hauptstadt. Noch ist die Schlacht nicht ganz verloren. Wir werden alles dransetzen, die Bürger wieder zur Ordnung zu bringen.»

«Ich glaube, dabei kann ich Ihnen helfen», sagte Neun. «Wenn Sie mich zu den Massen sprechen lassen, kann ich sie überzeugen, daß sich das Zahlendasein auch weiterhin lohnt.»

Verächtlich blickte 777* auf die kleine Zahl, die der Republik so unendlich großen Ärger bereitet hatte. «Sie und Ihre Hilfsangebote! Seien Sie froh, daß meine Truppen Ihnen geholfen haben.»

«Ich habe wirklich wundervolle neue Informationen. Mit dem, was ich erfahren habe, kann ich alle Zweifel beseitigen.»

«Ich werde auf dem Rückweg darüber nachdenken», brummte der General. Er hielt Neun für einen unverschämten Angeber, andererseits hatte er selbst noch keinen strategischen Plan zur Rettung der Republik ausarbeiten können.

Als sie sich Numeropolis näherten, konnten sie viele kleine Feuer in der Ferne entdecken. Über Sprechfunk kam die angstvolle Stimme ihres Trägers: «Es ist schrecklich! Sie plündern, stehlen, laufen Amok. Kein Haus ist mehr heil. Ich kann sie dort nicht absetzen.»

Dann ertönte die Stimme des Generals über Lautsprecher. Er wandte sich an eine Spezialeinheit seiner Truppen: «Macht euch bereit zum Absprung. Ihr kennt den Befehl!»

Jetzt konnten auch Neun und 65 Häuserruinen und umgeknickte Strommasten erkennen. Aus abgerissenen Kabeln sprühten Funken über den Boden. Eine Hängebrücke war zur Hälfte ins Wasser getaucht. Zahlen aller Größen rannten durch die Trümmerlandschaft.

Neun wandte sich um und sah den General an seiner Seite.

«Worte helfen da nicht mehr», sagte 777*. «Sehen Sie sich das an – und hören Sie!»

Was sie zunächst als dumpfes Dröhnen vernommen hatten, erwies sich als das erbärmliche Geschrei geistesverwirrter Zahlenbürger, die vor ihren zerstörten Häusern auf den Resten ihrer Habe saßen.

«Aber ich habe ihnen etwas absolut Trostbringendes, Aufmunterndes zu sagen», flehte Neun.

Der General schien ihm nicht zuzuhören. Er konzentrierte sich auf die Vorgänge unter ihnen. «Sie benehmen sich, als hätte ihr letztes Stündlein geschlagen», sagte er empört.

Wieder wandte er sich an seine Truppen. «Denkt daran, unsere Zahlenstärke ist zehnmal so groß wie die Einwohnerzahl unserer Hauptstadt. Sobald ihr gelandet seid, werdet ihr ihrem Treiben Einhalt gebieten. Euer Einsatz wird als der Kampf um Numeropolis in die Geschichte eingehen.»

In diesem Augenblick neigte sich das Tablett. Zum Glück war die Kuppel intakt, sonst wären viele Passagiere hinausgefallen. Dann hörten sie die sich überschlagende Stimme des Trägers: «Es ist alles aus. Alles aus. Wir sind erledigt. Alle Städte ringsherum liegen in Trümmern, genau wie diese hier. Die Milliardenzahlen haben alles zertrampelt. Und andere, noch größere, sind unterwegs.» Er schluchzte.

«Na schön. Was haben Sie den Bürgern zu sagen?» fragte der General Neun.

«Ich werde ihnen einen plausiblen Grund liefern, in sich zu gehen und die Ordnung wiederherzustellen – es wenigstens zu versuchen.»

«Welchen Grund denn?»

«Das kann ich jetzt nicht alles erklären. Aber Sie können schon mal die Parade vorbereiten.»

Der General glaubte, nicht richtig zu hören. «Die Parade! Wie soll das möglich sein? Haben Sie etwa Grandissimo gefunden? Leben wir wirklich alle? Haben Sie den Beweis, daß wir ewig leben?»

«Ich kann dem Zahlenvolk eine andere Sicherheit verschaffen», sagte Neun. «Genau die Sicherheit, die wir brauchen, um unserem Leben Sinn zu verleihen. Von nun an wird es interessanter und erfüllter sein. Und Sie können auf jeden Fall eine Parade veranstalten.» Zum ersten Mal in seinem Leben wahrte er ein bedeutendes Geheimnis und fragte sich, ob er vielleicht doch zuviel versprochen hatte. Doch dann war er sicher, nicht gelogen zu haben.

«Sei's drum», sagte der General schließlich. «Ich weiß nicht, was Sie vorhaben. Aber mir fällt auch nichts Besseres ein. Ich stehe hinter ihnen.»

Als sie landeten, war die Nacht bereits angebrochen, aber überall herrschte größte Unruhe. Neun und der Wärter konnten Zahlen durch den Schutt steigen sehen, die Möbel, Fernsehapparate und Radios mit sich schleppten. Einer zog eine Kleiderstange mit Anzügen hinter sich her, die viel zu groß für ihn waren. Fensterscheiben wurden eingeschlagen und Waren auf die Straße geworfen. Schattenhafte Zahlen füllten an der Zapfsäule einer Tankstelle Kanister, schleuderten sie dann durch Autoscheiben und lösten damit gleißende Explosionen aus. Eine Zahl kam ihnen aus einem eingestürzten Postamt entgegen und schleppte Telefonbücher mit sich.

«Warum tun Sie das?» fragte Neun.

«Weil ich keine Möbel tragen kann. Sie sind mir zu schwer.»

«Ich meine, warum stehlen Sie?»

«Warum stehlen Sie nicht?» fragte der Dieb verwundert. «Jeder nimmt doch, was er kann. Warum auch nicht? Vielleicht gibt es kein Morgen.» Damit eilte er in die Finsternis.

Mit Sirenengeheul kam ein Polizeiwagen um die Ecke. Aber die Polizisten stiegen nicht aus. Vermutlich waren sie der Meinung, es lohne sich nicht mehr, für Ordnung zu sorgen. Einer von ihnen fragte Neun: «Wie kommt es, daß Sie nichts stehlen?»

Neun war wie vor den Kopf geschlagen. Dann kam General 777* mit seiner Spezialtruppe anmarschiert. Alle in neuen Uniformen. Sie hatten zuvor das Bekleidungsarsenal der Armee vor Plünderung bewahrt.

«Wir müssen dem Pöbel Einhalt gebieten», sagte der General zu einem Leutnant.

«Aber wie?» entgegnete dieser. «Wir können sie nicht erschießen, General. Es sind Zahlen, keine Menschen.»

Dann hörte die Menge, überall in der Nacht versteckt, voll Überraschung eine Ankündigung, die aus vielen, von Riesen gehaltenen Lautsprechern schmetterte. Es war die Stimme des Generals, die auch über Radio in die gesamte Republik übertragen wurde.

«Achtung, Achtung! Kehren Sie an Ihren Wohnort zurück. Die Vollzähligkeitsparade steht unmittelbar bevor. Halten Sie sich bereit! Ich wiederhole: Es wird eine Parade stattfinden.»

Zunächst beachteten die Zahlen die Ansage nicht, bis die folgenden Worte in ihr Bewußtsein drangen: «Es gibt Neuigkeiten von außerordentlicher Wichtigkeit zu melden. Der berühmte Neun wird eine Rede an das Volk halten.»

«Was hat das nun wieder zu bedeuten?» fragten sich alle, die es hörten.

«Daß sie Grandissimo doch gefunden haben.»

«Oder den Tod besiegt?»

Wieder erhob sich die Stimme: «Gehen Sie nur zurück an Ihren Wohnort. Näheres in Kürze!»

Die Polizei und die Spezialtruppe des Generals boten den Verirrten Beförderung an. Für alle, die in dieser Nacht keine Bleibe hatten, wurden Notunterkünfte geschaffen. Zuerst vereinzelt, dann in Scharen kehrten die Zahlenbürger nach Numeropolis zurück. Aber niemand gab einen gestohlenen Gegenstand wieder her. Fast alle waren skeptisch. Gut, sie würden sich anhören, was Neun ihnen zu sagen hatte. Es wäre besser für ihn, wenn es was wirklich Brauchbares wäre. Wie konnte Neun sich einbilden, nach allem, was passiert war, ihre Zweifel an einer Zukunft zerstreuen zu können? Sie wollten künftig nur noch in der Gegenwart leben.

Am nächsten Tag entfernten Riesen die Trümmer und trugen Behelfshäuser in die Stadt. Sie wurden angespornt vom Gedanken, daß sie bei Anbruch der Nacht selbst ein fertiges Haus haben würden statt der Unterstände, die sie sich gebaut hatten. Der Gestank der sich auftürmenden Abfallberge war scheußlich, obwohl Riesen in den Außenbezirken mit großen Tüchern Wind machten, um den Geruch zu vertreiben.

Obwohl Resignation, Mißtrauen und Zynismus die vorherrschende Stimmung kennzeichneten, waren doch viele Zahlenbürger schockiert über das, was geschehen war, was sie selbst mit angerichtet oder zumindest nicht verhindert hatten. Und nach nichts sehnten sie sich in diesem Zustand so sehr wie nach einem Hoffnungsschimmer. Die Neugier auf Grandissimo war so groß wie nie zuvor. Immer mehr Zahlen bauten vor allem auf Neun und sahen seiner Ansprache entgegen wie dem wichtigsten Tag in ihrem Leben.

20 Neun hält seine Ansprache

Als die Ruinen nicht mehr rauchten und schon das Gras darüber zu wachsen begann, war die Zeit reif für Neuns Ansprache an das Zahlenvolk. Willig harkten die Straßenfeger das Herbstlaub von den Tribünen am Central Plaza, dem Mittelpunkt von Numeropolis, und Elektriker waren damit beschäftigt, Mikrophone auszurichten und Lautsprecher nicht nur über die ganze Stadt, sondern überall im Land zu verteilen. Die langsam zusammenströmende Menge stellte verwundert fest, daß auf dem Podium eine überdimensionale goldverzierte Uhr stand, deren Zifferblatt statt der üblichen Zahlen Menschen zeigte, eindrucksvolle Bildnisse der größten Mathematiker, von Pythagoras bis zu dem genialen Galois, der schon mit einundzwanzig Jahren hatte sterben müssen. Sie waren so angeordnet, daß der Minutenzeiger auf seiner Runde zuerst auf den deutete, dem am wenigsten Zeit vergönnt worden war, und zuletzt auf Galilei, der am längsten leben durfte. Natürlich hatte der originelle Zahlenkünstler Sieben sich diese Uhr ausgedacht.

Das Publikum nahm, mustergültig diszipliniert,

der Größe nach Platz, so daß keiner dem anderen die Sicht versperrte. Die Riesen beobachteten das Geschehen von ihrer fernen Provinz aus durch Teleskope, die der Astronom 3017 zur Verfügung gestellt hatte.

Als der General auf der Tribüne erschien, brachen die Zahlen in Beifallsrufe aus. Er galt als der Retter von Neun und als derjenige, der als erster oder sogar als einziger von allen Regierenden die wahre Bedeutung seiner Forschungen erkannt hatte. Der Auftritt des Professors dagegen wurde mit Buhrufen quittiert, was ihn nicht davon abhielt, gönnerhaft in die Menge zu winken; denn für seine Ohren klang es wie U, und er nahm es als eine letzte Ovation für seine Unsterblichkeitspolitik, die nun bereits ein abgeschlossenes Kapitel der Zahlengeschichte war. Auch dem Astronomen spendete man Applaus, was ihn so verwirrte, daß man ihm seinen Stuhl zeigen mußte. Dann kamen einige Politiker, die genau wußten, wo sie saßen – mehr aber auch nicht.

Schließlich erschien Neun in seinem dunkelblauen Sonntagsanzug. Professor 1000 flüsterte ihm etwas zu. Er gab ihm den Rat, jedes Wort deutlich auszusprechen und Kunstpausen einzulegen. Neun nickte nur und schritt zum Mikrophon. Er wußte noch immer nicht genau, wie er anfangen sollte.

«Mitbürger!» sagte er so forsch wie möglich. Doch der Lärm der Menge ebbte nicht ab. Dann tat er, wie 65 ihm empfohlen hatte. Er atmete dreimal tief durch und wurde ruhig, völlig ruhig.

Stimmen meldeten sich: «Pst, ich kann nichts hören. Was hat er gesagt?» Allmählich wurde die Menge still, und es gab für Neun keinen Grund mehr, seine Botschaft noch zurückzuhalten.

«Liebe Mitbürger, ich stehe hier, um euch die wichtigste Tatsache eures Lebens mitzuteilen. Es ist eine schreckliche Tatsache. Aber auch eine wundervolle. Ich sage es frei heraus, meine Freunde, ihr werdet sterben!»

Er hielt inne und lauschte in der atemlosen Stille seinem Echo, so daß seine eigenen letzten Worte ihm angst machten. Dann fuhr er fort:

«Es spielt keine Rolle, wie groß ihr seid oder wie privilegiert, denn die Menschen haben uns alle erschaffen. Wir sind sozusagen ihre Kinder. Und wenn der letzte Mensch stirbt, bedeutet das auch für uns das Ende. Wir werden dann alle auf einmal, alle gemeinsam auf einen Schlag vergehen. Keiner wird übrigbleiben, selbst ein Grandissimo nicht. Es ist, meine Freunde, ein großer Vorzug, der uns da zuteil wird; denn die Menschen, unsere Erzeuger, sterben keineswegs alle miteinander, sondern nach und nach, jeder für sich allein. Wir aber bleiben am Leben bis zum letzten von ihnen. Das ist nicht nur ein Trost, es ist auch eine wunderbare Chance!»

Dieses Mal war es das Wort «Chance», das durch die ganze Republik nachhalte. Neun wunderte sich, daß seine Zuhörer keinen Laut von sich gaben. Waren sie überhaupt noch da? Hörten sie ihm noch zu? Dachten sie etwa bereits über ihre Chance nach?

«Diese Chance, Mitbürger, nutzen wir, wenn wir unser Leben fortan nicht mehr mit Unwichtigem verplempern, wenn wir uns selbst nicht mehr so wichtig nehmen, sondern so leben, wie wir, im Augenblick unseres Todes, einst wünschen werden, gelebt zu haben. Und zwar jeden Tag, jede Stunde – denn wir wissen ja nicht, wann es soweit ist. Aber dies wiederum ist kein Verhängnis, es ist etwas, das der Mensch Gnade nennt. Auch er kennt nicht die Zeit, die ihm zugemessen ist, und preist dafür den Himmel. Weil nur so die Gewißheit des Sterbenmüssens erträglich ist: als ein Grund, sich des Lebens zu freuen und seine Zeit sinnvoll zu verbringen.»

Jetzt flogen ihm die Gedanken nur so zu, es war ihm, als gebe Elisabeth sie ihm ein, und er hätte, wenn nicht in alle Ewigkeit, so doch stundenlang weitersprechen können. Aber der General, der neben ihm stand wie sein Adjutant, machte ihm verstohlen ein Zeichen, das nur bedeuten konnte: Komm zum Schluß. Mehr verdaut das Volk beim ersten Mal nicht.

Also sagte Neun nur noch: «Die Zeit nutzen heißt aber auch, daß wir endlich unsere Große Parade haben werden. Wir müssen nicht mehr auf die Entdekkung des Grandissimo warten. Würde es ihn geben, hätten wir ihn längst gefunden. Aber es existiert keine letzte Zahl, wir sind nach oben offen. So wollen es die Menschen, so großzügig gehen sie mit uns um. Und dafür sollten wir ihnen dankbar sein, liebe Freunde. Deshalb rufe ich aus: Es lebe die Zahlenrepublik, es lebe die Menschenwelt!»

Ein wunderbarer Abschluß, war die einhellige

Meinung. Der Beifallsjubel wollte nicht enden, auch die Regierung klatschte geschlossen mit. Und der General klopfte Neun immer wieder auf die Schulter, als wollte er ihn zum Ritter der Ehrenlegion schlagen.

Dann kündigte 777* für den nächsten Tag die Parade an, und der Professor forderte das Volk auf, seine Zeit und Kraft ganz dem Wiederaufbau zu widmen.

Daran erinnert zu werden, daß sie einen Krieg verloren hatten, einen Krieg gegen sich selbst obendrein, war für alle Zahlen denkbar schmerzlich. Doch obwohl zweifellos noch sehr Schweres vor ihnen lag, den Tod gar nicht mitgerechnet, fühlten sie sich irgendwie freier als zuvor, auch sorgenfreier. Sie waren erleichtert, daß es keinen Grandissimo gab. In ihrem tiefsten Innern hatten sie nie einen Größten oder Letzten haben wollen. Ihr Gesellschaftssystem war nach oben offen, wie schön! Der Tod erschien ihnen zwar als eine harte Nuß, die so schnell wohl nicht zu knacken war, aber zugleich als ein würdiger, verläßlicher Rahmen für das Bild des Lebens, das Neun für sie neu entworfen hatte.

Ja, sie waren Neun, dem unbestrittenen Retter der Republik, unaussprechlich dankbar. Warum hatten sie ihn eigentlich nicht durch Akklamation, durch ein spontanes Volksbegehren, zu ihrem neuen Präsidenten gewählt, auf Lebenszeit? Schließlich war seine Botschaft die Ursache dafür, daß sie jetzt beschwingter nach Hause gingen, als sie gekommen waren. Das Fundament des Zahlenreichs, das Straßenpflaster von Numeropolis, schien auf einmal viel fester und sicherer zu sein.

Während Neun von der Bühne stieg, tauchte das Bild vom roten Kinderbett in Elisabeths Jungmädchenzimmer deutlicher vor ihm auf, als er es bisher in Erinnerung zu haben glaubte; daneben die vergilbten Seiten aus dem Kontobuch, die an den Wänden klebten, und als Begleitmusik dazu ihre beruhigende Stimme bei seinem letzten Besuch. Er rief sich die stampfenden Geräusche ins Gedächtnis zurück, die er auf dem Weg zu ihr vernommen hatte und die sich damals wie das Donnern von Hufen anhörten. Jetzt wußte er, daß er den für gewöhnlich geräuschlosen Takt der Zeit gehört hatte und daß er ihn zu hören vermochte, wann immer er wollte.

Dann war die wehmütige Stimmung plötzlich verflogen, und er erschauderte bei dem Gedanken an die Macht, die er während seiner Ansprache an das größte Auditorium, das es je gab, in sich verspürt hatte. Er hatte den Wunsch, noch einmal zu seinen Mitbürgern zu sprechen. Es gab ja noch so vieles zu erklären. Erst jetzt fielen ihm die Worte ein für scheinbar Unbegreifliches, das er, aus Furcht, nicht verstanden zu werden, nicht erwähnt hatte. Und Mißverständnisse hatte es wahrlich genug gegeben.

Das lag nun hinter ihm. Die Zeit der Klarheit war angebrochen. Eines Tages freilich würde er tot sein. Na und? Jetzt lebte er, sprühend vor Lebensenergie, von Elisabeth ausgestattet mit dem Wissen von den großen Zusammenhängen, vom Sinn des Lebens überzeugt und stolz darauf, eine Zahl zu sein.

21 Die Große Parade

Die Große Parade – später nur noch die Sterblichkeitsparade genannt – begann nicht in der Hauptstadt, sondern weit außerhalb auf einer Wiese und führte durch mehrere Städte. In der Vergangenheit hatte es schon oft Aufmärsche gegeben mit Millionen von Bürgern, zum Beispiel an jedem Unsterblichkeitstag, einen so gewaltigen Aufmarsch aber noch nie. Damit der Zug nicht ins Stocken geriet, weder Gedränge noch Lücken entstanden, mußten für die einzelnen Zahlengruppen, von den Einern bis zu den Vielstelligen, genaue Startpunkte markiert werden. Die Bewohner von Numeropolis sollten als die Kleinsten an der Spitze marschieren und auch als erste anhalten dürfen, um sich in den improvisierten Raststätten am Straßenrand von den Strapazen zu erholen. Je größer die Zahlen waren, desto längere Schritte konnten sie machen, und entsprechend weniger strengte sie der Marsch an. Doch die Zeit des Irrglaubens, als die Riesen meinten, durch Sieben-Meilen-Schritte der Sterblichkeit entfliehen zu können, war endgültig vorbei.

Desgleichen übrigens die Zeit der Kleidervorschriften. Jeder konnte erscheinen, wie er wollte. Es war ja kein Regierungsempfang, sondern ein Volkslauf. Als Neun auf der Wiese ankam, waren schon viele der unteren und oberen Tausend versammelt, und er kam sich wirklich vor wie auf einem Volksfest: bis oben zugeknöpfte Roben, bunte Wämser, enge schwarze Boleros und wallende Mäntel mit Brokatapplikationen – jeder trug ohne Scheu das, was er insgeheim schon immer hatte anziehen wollen. Dr. 20001, der einstige Modepsychiater, ganz in Chiffon gehüllt, war nicht der einzige, der Frauengarderobe gewählt hatte. Ob zu Ehren von Elisabeth oder aus einem bisher unterdrückten inneren Trieb, das fragte niemand. Sollte nicht, in Anbetracht der unwiderruflichen Sterblichkeit, ein jeder seine Chance nutzen und sich so viel Freiheit leisten, wie er verantworten konnte?

Neun war offensichtlich der einzige, der keinen Gedanken an eine besondere Kleidung verschwendet hatte. Als er jetzt all die phantasievollen Kostüme bestaunte, sah er ein, daß es keineswegs Verschwendung gewesen wäre, über eine Verschönerung seines Äußeren nachzudenken, denn das Leben bestand bei all seinem Ernst doch nicht nur aus philosophischer Tiefe, es hatte auch eine sehr erfreuliche, phantasievolle Oberfläche. Warum gingen ihm sonst die Augen über beim Anblick all der prächtigen Gewänder! Er schämte sich seines löchrigen grünen Pullovers und beschloß, sich nie wieder so nachlässig zu kleiden, wenn ein Fest angesagt war. Seine Zeit war begrenzt, aber doch nicht seine Phantasie!

Die Menge konnte es kaum erwarten, in Reih und Glied loszumarschieren. Es herrschte eine Stimmung, als hätte das Land gerade einen Krieg gewonnen, und niemand störte es, daß es in Wirklichkeit ganz anders war.

«Noch nicht loslaufen!» rief General 777* den Ungeduldigen zu. «Erst, wenn die Musik einsetzt.»

Dann war es endlich soweit. Der Dirigent hob den Taktstock, und das Orchester intonierte einen Marsch, dessen Rhythmus jeder Schrittlänge gerecht wurde und dessen Melodie so klang, als wäre sie ein Leitmotiv des Lebens schlechthin. Selbst der unmusikalische General war hingerissen. Dabei handelte es sich nicht etwa um ein altbekanntes Erfolgsstück, vielmehr um reine Improvisation. Die Mitglieder des Orchesters saßen ja nicht nebeneinander; es stand jeder an seinem Platz in der Zahlenkolonne und mußte sein Instrument ganz auf sich gestellt spielen. Daß dennoch eine wunderbare Harmonie zustande kam, lag nicht an der Kunst des Kapellmeisters. Es lag allein an der Einigkeit, die das Zahlenvolk verband wie nie zuvor.

Es wurde trotz allem keine absolut perfekte Parade, denn natürlich gab es einige, die aus der Reihe tanzten. So wechselten Sieben und Acht vorübergehend die Plätze, um die Ordnung ein wenig durcheinanderzubringen und damit zu demonstrieren, daß alles auch ganz anders sein könnte. Verwirrender war, daß einige Riesenzahlen dasselbe taten, dieses Mal nicht in rebellischer Absicht, sondern aus reinem Übermut. Glücklicherweise kamen sie sich dabei selber arg deplaziert vor, so daß sie schnell wieder an ihre Plätze zurückkehrten. Die seit Neuns Ansprache für alles Metaphorische aufgeschlossenen Zahlen zogen daraus gleich eine Lehre, nämlich die, daß es mutiger ist, sein Schicksal anzunehmen, als es manipulieren zu wollen. Und ihr Standort war nun einmal ihr Schicksal. Wer seinen Platz kannte, kannte sich selbst. Man war eine Nummer in einem festgefügten System und trotzdem einmalig.

Die Presse berichtete über den «Heereszug zur Verteidigung der Sterblichkeit», wie der General die Große Parade in seinem martialischen Jargon bezeichnet hatte, in allen Einzelheiten und brachte Bilder vom schönen geometrischen Aufbau der endlosen Formationen, Beispiele für die Solidarität der Zahlengesellschaft und ihrer – im nicht zu erwartenden Ernstfall natürlich nur! – abschreckenden Mannschaftsstärke. Besonders hübsch waren die Fotos von der unvergeßlichen Schlußzeremonie: Aus den Blumensträußen, die alle Zahlen schmückten, stiegen als Symbole der Lebensfreude Millionen bunter Schmetterlinge zum Himmel auf. Ihr sonst lautloser Flügelschlag klang vereint wie eine sinfonische Variation über das Thema der Sphärenmusik des Alls.

In Zukunft, so hieß es zur allgemeinen Freude, sollte jedes Jahr eine Sterblichkeitsparade stattfinden: als Dankesfeier für das große Glück, noch am

Leben zu sein. Nach weitverbreiteter Meinung gab es nichts Dringlicheres, als sich diese erfreuliche Tatsache, die man im Trubel des Alltags so leicht vergaß, beizeiten wieder ins Gedächtnis zu rufen.

Die Zahlen hatten ihre Städte in Rekordzeit wieder aufgebaut, mit der ihnen eigenen Präzision und nach dem bewährten Ordnungsprinzip, aber diesmal mit Begeisterung. Zu Ehren des Professors muß gesagt werden, daß er bei der feierlichen Grundsteinlegung zum Haus der Menschenkenntnis vor allen Anwesenden bekannte, daß er geirrt und dem reinen Schulwissen eine zu große Bedeutung beigemessen hatte.

«Es tut mir leid», sagte er und blickte dabei irritiert zu General 777* hinüber, der ein dickes Wörterbuch in den Händen hielt und darin las. Dergleichen hatte er bis dahin, soviel man wußte, noch nie getan. Als Professor 1000, um die Aufmerksamkeit des Generals zu erregen, sich vernehmlich räusperte, schaute dieser auf und sagte:

«Sie wollten halt ophidiatisch klug sein. Nun, es sei Ihnen verziehen.»

«Ophidiatisch? Hab ich noch nie gehört. Was soll denn das heißen?» fragte der Professor verblüfft.

«Hier steht: schlangenhaft», klärte der General ihn schmunzelnd auf. Und beide lachten. Dann schüttelten sie sich ausgiebig die Hände, und die Fotografen knipsten.

Von den Nonisten ist zu sagen, daß sie sich nicht auflösten, sondern ihre Treffen fortsetzten, wenn auch nur noch am Stammtisch. Auf weitere Anschläge gegen die Ideale Numerische Republik verzichteten sie selbstverständlich und änderten ihre Bezeichnung in «Anonyme Apathiker». Den zu Unrecht vereinnahmten Millionenbetrag stifteten sie für die Entwicklung neuer Formen von Kreuzworträtseln. Neun blieb ihr Idol; sie erledigten für ihn kostenlos Fan-Post.

Wohlverdient erhielt Neun einen Lehrstuhl für Philosophie und Menschenkenntnis, auf Lebenszeit. Wenig später war es seine traurige Pflicht, die Öffentlichkeit vom Dahinscheiden der großen Zahlenfreundin Elisabeth zu informieren. Sie war, wie so viele Genies, an Blutarmut gestorben. Ihr Geburtstag wurde durch Volksentscheid zum Nationalfeiertag erhoben, und die Gefeierte erhielt einen Platz auf der berühmten Mathematiker-Uhr, die jetzt in jeder Größe hergestellt wurde und in kaum einem Zahlenhaushalt fehlte. Zuerst schmerzte es manche Zahlenbürger, daß der gute alte Adam Riese ihrem Bildnis Platz machen mußte, aber sie wurden belehrt, daß diese Uhr – wie die Kunst und das Leben selbst – wandelbar sei. So hatte der Künstler Sieben seine Menschenuhr konzipiert, und jedes Vorrücken der Zeiger sollte sie daran erinnern:

daß Zeit Veränderung bedeutet und der Sinn des Daseins in der Freude an der verbleibenden Zeit liegt.